SEO & SECRETOS DE BLOGGING 2020

DESCUBRE LAS ESTRATEGIAS AVANZADAS DE OPTIMIZACIÓN DE MOTORES DE BÚSQUEDA PARA MARKETING EN INTERNET INCREÍBLEMENTE RENTABLES. LA #1 GUÍA DE "HACER DINERO EN LÍNEA" PARA OBTENER INGRESOS PASIVOS A TRAVÉS DE TU BLOG, Y MARKETING DE AFILIADOS - PARA VENDEDORES PRINCIPIANTES Y AVANZADOS

PABLO FAHY

información contenida en este documento, incluidos, entre otros, - errores, omisiones o inexactitudes.

ÍNDICE

SECRETOS SEO PARA EL 2020

GANAR DINERO EN LÍNEA EN 2020

BLOGGING PARA OBTENER GANANCIAS EN 2020

SECRETOS SEO PARA EL 2020

DESCUBRE LAS ESTRATEGIAS AVANZADAS DE OPTIMIZACIÓN DE MOTORES DE BÚSQUEDA PARA MARKETING EN INTERNET INCREÍBLEMENTE RENTABLES. LA GUÍA #1 PARA "GANAR DINERO EN LÍNEA" PARA INGRESOS PASIVOS A TRAVÉS DEL MARKETING DE AFILIADOS - PARA VENDEDORES PRINCIPIANTES Y AVANZADOS.

INTRODUCCIÓN

El SEO es clave en las estrategias que se implementan para lograr posicionarse en línea.

Cada acción que se pone en marcha aumenta las probabilidades de tener más visibilidad en el sitio web, logrando mantenerlo más alto que la competencia. Así aumenta la visibilidad, el tráfico, la tasa de conversión y el retorno de inversión.

A la hora de hacer cualquier estrategia con una página web, el SEO es primordial para que pueda lograr un buen posicionamiento, esto lo consigue por medio del uso de estrategias y herramientas profesionales utilizadas para mejorar todos los aspectos de las páginas web, ayudan a obtener una mejor puntuación en los motores de búsqueda, esto genera más tráfico hacía el sitio y al final se cierran más negocios.

Debido a la amplia gama de herramientas que existen, se preparó este trabajo que es una guía para principiantes, ideal para quienes no han escuchado nunca qué es eso del SEO pero que tienen el deseo de aprender.

Si este es tu caso, aquí conocerás todo lo básico que necesitas saber para entrar en el mundo de la optimización de los contenidos.

1

¿QUÉ ES SEO?

*P*ara empezar toca preguntarse inicialmente qué es el SEO, esta es la abreviatura de (Search Engine Optimization) o en español: Optimización en Motores de Búsqueda.

Se basa en lograr aumentar la visibilidad de una página web, para que logre una mejor posición en los buscadores. Se conoce al SEO como las acciones que se toman para mejorar el posicionamiento y la optimización de un sitio web.

La finalidad es la de aparecer en las posiciones más altas posibles de los resultados de las búsquedas orgánicas para una o más palabras concretas o llamadas palabras clave que más adelante explicaremos mejor. Esto deja como resultado que al final se aumente el tráfico de visitas.

Este término es usado para referirse a las personas que hacen el trabajo de posicionar sitios. Era tradición que las personas que trabajaban en el SEO fueran programadores, diseñadores web y similares, pero con las nuevas tendencias se ha hecho importante que todos los que tengan un sitio web conozcan sobre posicionamiento para que logren colocar por sí mismos sus sitios en el primer lugar.

El SEO es un trabajo que se hace con trabajo constante, no se logra de la noche a la mañana, los resultados a veces pueden tardar meses en lograrse, el número de palabras que se pueden posicionar es limitado y depende del número de páginas de las que tiene la página web. Por eso es que las palabras clave toca revisarlas previamente.

En cualquier caso, hay que revisar la posición que van a tener las palabras clave en un lapso de tiempo, ya que en el posicionamiento SEO suceden muchas variables que no se pueden controlar, por ejemplo los cambios en los algoritmos de indexación de los buscadores.

Hay muchas acciones o tareas para posicionar el sitio web, ellas se dividen en:

- SEO On-page: estas se hacen en lo interno de la página.
- SEO Off-page: son las acciones que se hacen fuera de la página web.

¿Qué es el SEO On Page?

El SEO On Page son aquellas acciones SEO que se hacen dentro de una página web para alcanzar su posicionamiento en los motores de búsqueda. Es una acción ideal, que puede ser prácticamente infinita y cuenta con muchísimas estrategias.

Tiene mucho que ver con la analítica, con las acciones de optimización que se hacen, con las pruebas y en general con los procesos para aumentar la experiencia del usuario cuando llega a la web.

El SEO On Page se asocia por lo tanto al SEO Whitehat, al SEO que agrada a Google y no penaliza. Al SEO que consigue resultados que duran en el tiempo y que no hunden el sitio de la noche a la mañana.

Cuando se habla de SEO dentro de una página, se habla de acciones y estrategias seguras que cumplen con las normas de Google y que lo hacen para facilitar las labores del buscador a la hora de posicionar y ordenar los resultados. Esto deja como consecuencia que Google premie al sitio con una buena posición.

Estas es lo que se puede hacer con el SEO On Page:

- Optimizar palabras clave.
- Optimizar la estructura web.
- Optimizar las URLs.
- Optimizar el interlinking.
- Optimizar el código.
- Y un largo etcétera de acciones.

¿Qué es el SEO Off Page?

El SEO Off Page son aquellas acciones que se hacen externo a la página web, las acciones que no pertenecen a la página y que en teoría no se pueden controlar de manera directa por medio del SEO On Page.

Aunque el SEO On Page es esencial para poder lograr una buena base de posicionamiento, gran parte de las acciones incluye el trabajo que se hace con la optimización Off Page.

La calidad y número de los enlaces apuntan a las páginas, los enlaces tienen mucha importancia para conseguir el posicionamiento en el SEO Off Page, el gran objetivo es lograr que otras páginas enlacen con las nuestras.

¿Qué es más efectivo, el SEO On Page, Off Page?

La respuesta es facil: ambas.

El SEO On Page es esencial, pero solo él no garantiza un buen posicionamiento, especialmente cuando se está en un medio con nichos competitivos.

Es entonces que entra el SEO Off Page que ayudará a ganar autoridad y lograr mejores posiciones de búsqueda.

Se pueden encontrar enlaces entrantes o Link Building, aunque es una tarea que puede ser densa, es necesaria para casi toda campaña SEO.

Los enlaces son importantes ya que Google los toma como un voto de confianza.

Cada que se consiga un enlace, se habla de la página en Facebook, Twitter, Google Plus, entre otros, hay que tomar nota de que el contenido es lo bastante bueno para poderse compartir. Pendientes con esto, no todos los enlaces tienen la misma importancia, los que vienen de autoridades reconocidas aportan más posicionamiento que las decenas de enlaces menores.

Se sabe que no es fácil conseguir un enlace de una web de autoridad, Google lo sabe también, por eso la autoridad tiene un papel importante a la hora de valorar los enlaces.

Tipos de Backlinks

Dentro de los tipos de backlinks están los enlaces naturales, orgánicos, son aquellos que se forman de manera natural, cuando otras páginas enlazan la propia por iniciativa propia.

Son más beneficiosas, pero también las más difíciles de obtener.

Están los enlaces artificiales, Link Building que son los que se crean por medio de técnicas, pueden ser de calidad pero no como los orgánicos.

Por su parte, los enlaces orgánicos son más valiosos y por eso son más difíciles de conseguir. La técnica más recomendable para conseguirlos es logrando tener contenido de calidad, que sea útil a los visitantes y que les anime a compartirlos.

Aunque parezca complicado es lo más lógico, cuando se comparte valor a los visitantes aumenta la posibilidad de que estos lo compartan a su vez. Cuidado con esto: no hay que confiar en que te enlacen y compartan porque dicen "que lo vales".

Es algo que no sucede con frecuencia, pero se debe tener la seguridad de colocar técnicas de promoción y distribución de los contenidos para aumentar el deseo de que se comparta el contenido.

2

¿CÓMO FUNCIONA GOOGLE?

*R*astreo

El objetivo del rastreo en Google es identificar qué páginas existen en la web. Constantemente se deben buscar páginas nuevas y agregarlas a la lista de páginas que ya se conocen. Este es un proceso que se denomina rastreo.

Ya se conocen algunas páginas que se han rastreado en algún momento, pero otras se consiguen al seguir enlaces de páginas conocidas que las llevan a ellas. También se pueden conseguir páginas con los propietarios de sitios web que facilitan la lista de sus sitios, es decir un SITEMAP, para que se rastree, también es posible que las plataformas de alojamiento web gestionado, como Blogger, solicite el rastreo de páginas nuevas o actualizadas.

Indexación

Luego que se descubra una página se intenta interpretar el contenido, este proceso se llama indexación. Se analiza lo que tiene dentro la página, se cataloga el archivo de imagen y video y se trata de entender. Toda la información se guarda en el índice de Google, una base inmensa de datos que se almacena en muchos ordenadores.

Para mejorar la indexación de la página, se deben seguir estos consejos:

- Crear títulos cortos y que tengan significado.
- Usar encabezados de página que reflejen el tema principal.
- Transmitir el contenido con texto en lugar de imágenes, interpretar algunos videos e imágenes, pero no con la misma facilidad con la que se extiende el texto. Se debe incluir texto alternativo en los videos e imágenes, según corresponda.

Resultados de búsqueda

En cuanto a los resultados de búsqueda, cuando un usuario introduce las consultas, se intenta encontrar la respuesta más pertinente en el índice, en función de muchos factores. Se trata de determinar las respuestas de mayor calidad y se tienen en cuenta muchos aspectos, como la ubicación, el idioma y el dispositivo de los usuarios, sea un móvil o un ordenador.

Por ejemplo, si una persona ubicada en Madrid introduce: "talleres de reparación de motos", va a obtener diferentes resultados a los usuarios que escriban lo mismo desde China.

Para poder mejorar la publicación y el posicionamiento, se deben seguir estos consejos:

- La página tiene que cargar rápido y estar optimizada para móviles.
- Tiene que tener contenido útil y actualizado.

Los sitios web que han pasado por el proceso de rastreo e indexación ya están listas para ser mostradas a los visitantes, ahora se debe ver en qué momento y en qué orden se hace. Para estos casos el motor de búsqueda Google utiliza un algoritmo que se enfoca en las palabras clave y busca un conjunto de páginas de su base de datos que tenga información que coincida con ellas, a continuación muestra las páginas ordenadas en un orden de relevancia.

El funcionamiento del algoritmo de Google no se conoce con certeza, pero por medio de directrices dadas por la propia página y de pruebas que se han hecho por múltiples agencias de SEO y profesionales, se sabe que además de detectar la relevancia por medio de las keyword, también se fija en más de 200 factores, los llamados ranking factors, así ordena los resultados. Por eso es que para poder llegar a los primeros lugares es clave tener palabras acordes con la temática que se quiere rankear.

Finalmente se recomienda que a la hora de crear contenido para el blog, no se copie el texto de otros sitios web, lo que puede pasar si se hace esto, es que Google deje de indexar y en su lugar muestre la fuente original de donde se ha tomado el contenido, en cualquier caso es que si se quiere copiar contenido de otro sitio lo mejor es que se sea honesto con Google y se marque como NOINDEX, colocando también la URL de la fuente original de donde se tomó la información.

Es importante conocer los procesos para entender

en detalle por qué Google muestra unas páginas y no otras en los resultados de las búsquedas, así va a ser más fácil seguir el razonamiento de este motor de búsqueda al momento de aplicar la optimización y las prácticas SEO en cualquier sitio web.

3

OPTIMIZACIÓN DE WEB O BLOG

URLs amigables

Vamos a hablar ahora de las URLs amigables, si ya se tiene una página en la gran red, es bueno saber optimizar las URLs, esto es clave en las estrategias SEO.

Esto es la optimización para los motores de búsqueda, se traduce en una mezcla de buenas técnicas para mejorar el sitio o el blog.

No hace falta decir el significado que tiene garantizar autoridad y visibilidad para el negocio o la web que se ponga y que esta sea fácilmente ubicable.

Para ello se tiene que comprender cómo es que se

desarrollan las URLs y el buen uso de ellas en el marketing digital.

Primero: qué es una URL:

Antes de empezar, el término URL procede el inglés (Uniform Resource Locator), que en español se conoce como Localizador Uniforme de Recursos. Esta es una denominación estándar y sirve para darle nombre a los recursos en el internet.

Una manera más clara de entenderla, es la dirección que está escrita en la caja de texto de la barra de navegador que se utiliza, se ve arriba en una página web desde un ordenador, así como en los dispositivos móviles.

Este es uno de los principales puntos de información para una página en los buscadores de Google y los usuarios. Lo hace para mostrar información relevante.

Lo recomendable para poder posicionar un sitio es que se usen direcciones amigables, y que en el título estén incluidas las palabras clave para poder obtener mejores resultados.

Un ejemplo de una URL amigable:

http://libros.sobreseo.com/categoria/detalle-del-producto#promo

- http:// es el protocolo
- libros es el subdominio.
- sobreseo es el dominio.
- com es el Top Level Domain.
- categoria son las subcarpetas.
- detalle-del-producto es la página.
- #promo es la etiqueta.

Protocolo

Hay dos tipos:

El más usado que es el http, la mayoría de las páginas se rigen por él.

https es más conocido como protocolo de seguridad, se usa para proteger datos personales y datos en las tarjetas de crédito de los usuarios.

Subdominio

El subdominio depende del dominio principal.

Dominio

El dominio es el nivel principal de una web.

Top Level Domain

Es una extensión que sigue luego del dominio.

Subcarpetas

Son carpetas que están dentro de un dominio o subdominio.

Página

Es donde está el contenido final.

#TOP

Es usado para presentar diversas opciones en una misma página.

Cuando se habla de ranking para SEO las 4 categorías clave son:

- El dominio.
- El subdominio.
- Las subcarpetas.
- La página.

Optimizar URLs para SEO

Para lograr un buen posicionamiento en la web, se tiene que trabajar en optimizar las URLs para SEO.

Hay que hacer uso de las palabras clave. Estas son las encargadas del trabajo de posicionamiento y de la optimización de los sitios, se deben usar tanto en la página como en la URL.

No se deben usar letras mayúsculas, lo mejor es ser simple, la URL amigable es fácil de ser recordada por los usuarios.

Hay que recordar que menos es más, se recomienda que la URL sea corta porque así el usuario la comprende mejor y entre más corta mejor será el posicionamiento en los motores de búsqueda.

Se pueden usar guiones para separar palabras en la URL, esto facilita que los motores comprendan y consecuentemente mejoren la relevancia de las páginas en los resultados de búsqueda.

Lo mejor es usar palabras en vez de números, los usuarios no buscan con números los resultados en el buscador, lo hacen con letras, las palabras son más fuertes y sustituyen los caracteres especiales, la legibilidad es la mejor arma que se puede tener.

Se puede poner contenido de más autoridad en las carpetas de más nivel, se debe organizar y segmentar el contenido en el sitio, manteniendo una estructura lógica de las URLs para que demuestre la importancia en la web.

Se debe comprender que cuando hay menos directores en una URL es mejor, es decir entre más cercano está de la página, mayor será la relevancia que tenga.

Se pueden usar URLs canónicos, es bueno para que se eviten los contenidos duplicados, esto ocurre normalmente cuando una página tiene más de una URL.

Para evitar contratiempos es importante hacer cosas como:

- Añadir un canonical tag en todas las versiones de la URL, dejando claro la que es la principal.
- Se debe elegir el subdominio, es el principal sea no www o www.
- Además de todo esto, hacer una redirección en el servidor para que solo haya una página presentada a los usuarios.

Caracteres extraños NO, la preferencia es siempre que se usen letras, nada de acentos gráficos o signos de puntuación, en este caso se habla de optimización para los motores de búsqueda, se tiene que ser simple y claro, es la mejor manera de ayudar al usuario a memorizar la página y tener un buen posicionamiento en Google.

Se pueden usar URLs mobile friendly, todas las personas que trabajan en el mercado digital saben que actualmente la mayoría de personas usan mucho los móviles y nada más justo que hacer sitios webs que tengan una buena relación con estos dispositivos. Una página responsiva tiene mejor posicionamiento cuando el usuario busca por medio de un teléfono móvil.

No hay que olvidar que la URL es uno de los elementos más importantes para los motores, hay que concentrarse en estar al tanto de las actualizaciones y alteraciones de los algoritmos de búsqueda. Es la manera para ayudarse a no perder la relevancia y mantenerse posicionado.

También hay que pensar primero en el usuario que va a visitar el sitio web y luego en el robot de búsqueda.

Títulos

El título y la descripción de un documento web no solo representa la carta de presentación ante los usuarios cuando estos hacen una búsqueda en el navegador, sino que además la información que tiene es clave para el posicionamiento web.

Por eso es que es importante saber optimizar los títulos de una web, esto es una tarea estrategia dentro del SEO.

El objetivo es que los buscadores ofrezcan resultados acordes a la búsqueda que el usuario ha hecho. Para ello comprueban que los términos de las palabras clave por los que el usuario hace la búsqueda estén en un sitio web y en qué partes del documento están, siendo el título uno de los más importantes.

Además de esto, es dónde se ubican los títulos estos aparecen reflejados en las etiquetas llamadas <title> de la cabecera del documento HTML.

Estas son unas recomendaciones que se deben tener en cuenta a la hora de optimizar un título:

No debería superar los 70 caracteres, incluyendo los espacios en blanco, es importante intentar que el usuario pueda leer el título completo sin frases cortadas ni puntos suspensivos.

Cuando el buscador detecta que el título superó la

longitud máxima truncará parte de la información y solo saldrán los caracteres permitidos.

Los títulos tienen que ser únicos, ya que cada documento de la web es diferente y por lo tanto no dice lo mismo que los demás. Hay que evitar los títulos con palabras sueltas y repetidas que no tengan sentido, o separadas por comas, algo así: "cafetería, té, italiano, panes, café, España, económico".

Se tienen que redactar títulos que tengan frases lógicas que incluyan términos clave que hayan sido asignados en el documento, por ejemplo: "Cafetería económica en España con los mejores panes de la ciudad".

El título tiene que ser directo y fácil de leer. Los títulos tienen que ser intuitivos de manera que el usuario pueda hacerse a la idea de lo que quiere conseguir en la web.

Hay que evitar escribir con errores ortográficos y palabras mal escritas o con abreviaturas ya que la impresión que esto puede causar en el usuario puede ser negativa e incidir en la visitas de la web.

El título tiene que ser lo más atractivo posible, que llame la atención del usuario, pero es clave que no se le confunda, hay que ofrecerle algo para que no abandone la visita o peor aún, que no vuelva nunca más.

Hay que analizar el perfil de los usuarios potenciales que pueden visitar el sitio web, con el fin de adaptar los títulos a las características y lograr por lo tanto llamar su atención.

La optimización de las descripciones

Las descripciones no afectan el posicionamiento de la web en los buscadores, pero si pueden influir de manera decisiva en la actitud del usuario ante los resultados que le ofrece el buscador.

Tener una buena descripción aumenta el número de clics que hacen los usuarios en el documento, esto beneficia el posicionamiento, pero cuando se tiene una mala descripción puede perder muchas visitas, trayendo grandes consecuencias para el sitio web. Tanto a la hora de mejorar el posicionamiento como de evitar la pérdida de usuarios nuevos o clientes potenciales, por eso es que se tienen que mejorar las descripciones.

En los documentos HTML, hay una meta etiqueta donde se hace la descripción del documento, igual sucede con los títulos, esta meta etiqueta se ubica en la cabecera del documento HTML.

Estos son algunos consejos para optimizar las descripciones:

Debe tener como máximo 150 o 160 caracteres con espacios incluidos. Sucede igual que con los títulos, si la descripción es demasiado larga el buscador va a ocultar parte de ella e impedirá que el usuario pueda leer cómodamente la información.

Deben ser únicas para cada documento del sitio web.

La información que contenga tiene que ser una ampliación de lo que ofrece el título.

Siempre que se pueda sin que sea forzado, debe aparecer la descripción de los términos clave usados en el documento.

Es importante que se preste atención a los títulos y las descripciones de cada uno de los documentos que componen la web, la revisión y la optimización marca la diferencia respecto a la competencia y la mejora en el posicionamiento.

Descripciones

Ya abordamos brevemente las descripciones en el punto anterior, pero ahora profundicemos un poco más. La etiqueta meta descripción es un factor importante a la hora de lograr tener visitas en un sitio web.

Es la información que aparece en los resultados de Google y que explica lo que se va a encontrar la persona cuando haga clic.

La meta descripción es el espacio que ofrece Google para captar la atención del usuario y poder diferenciarse del resto de los resultados, es decir de la competencia.

La etiqueta tiene que ser atractiva, relevante y que cumpla con una serie de pautas.

Las meta etiquetas o meta tags son las piezas de información que se usan normalmente para describir el contenido de la página a los buscadores.

El metatítulo y la meta descripción son dos metatags claves.

Cuando se apuesta por el SEO en la web o se piensa hacer, se sabe ya que lo complejo es aparecer en los primeros resultados de Google. Una vez que se logra tener este lugar toca trabajar para que se sea un imán de clics.

Este tiene que ser el objetivo, que el texto sea atractivo en la meta descripción para que pueda atraer visitas a la web.

No se puede desperdiciar la oportunidad con unos textos que no tengan el valor. Tampoco se puede dejar al usuario indiferente, hay que despertarle la curiosidad para que quiera saber más y que dé el clic que tanto ansia cada dueño de sitio web.

Un sitio web que sea sugerente y responda a esa necesidad que está buscando el usuario tiene más probabilidades de ser clicada. En cambio una que sea escueta será ignorada de inmediato.

La idea es lograr convertirse en el mejor resultado posible, que se incite a que den clic, ser la mejor opción por medio de un meta título y una meta descripción optimizada y que sea irresistible.

¿Qué diferencia hay entre meta título y meta descripción?

Antes de ver la diferencia vamos a aclarar, ambos aparecen en los resultados de los buscadores, el meta título en primer lugar y le sigue la URL, el meta título es el que sale en azul, es donde se da el clic y lo que sale abajo, el pequeño texto que no llega a las 3 líneas es la meta descripción.

Juntos logran el snippet. Las dos etiquetas son claves pero tienen una gran diferencia.

Por su parte el meta título tiene una sola línea y no debe pasar los setenta caracteres y debería ser de mínimo 45, incluyendo espacios.

La meta descripción debe tener máximo 165, ocupando hasta dos líneas.

Esto lo tiene Google en cuenta, el considera los píxeles antes de los caracteres, para meta descripciones la longitud ideal estaría entre los 430 y 920 píxeles.

A finales del 2017 el buscador hizo una prueba permitiendo meta descripciones más largas incluso de hasta 300 caracteres, pero a los pocos meses regresó a sus 155, ellos siempre experimentan buscando mejores experiencias para los usuarios.

El objetivo es que el meta título se oriente a Google mientras que la meta descripción se oriente a los usuarios. Mientras que el primero es un factor de posicionamiento SEO el otro no lo es directamente.

La meta descripción no es en sí un factor de posicionamiento SEO, pero puede influir en el CTR y el

CTR sí es un factor clave para Google y otros buscadores.

Por lo tanto cuando se mejora esta etiqueta se mejora el CTR y a la vez el posicionamiento de la web.

Finalmente se tiene que pensar siempre en el usuario a la hora de redactar ambas etiquetas, aunque la descripción permita más flexibilidad que el título y al ser más larga y no tener que ceñirse tanto al Seo y las palabras clave, siempre se debe pensar en el SEO y el usuario.

Es en la meta descripción donde se tiene que valer de las armas del copywriting para persuadir al usuario de que se tiene el mejor resultado, de que se merece ese clic por encima de todo.

Ahora que se conoce la importancia de tener una buena meta descripción, toca ponerse manos a la obra con algunos consejos y ejemplos que inspiren.

Estos son algunos consejos para hacer una meta descripción ideal para que inspire el darle clic en el enlace:

Lo primero es que se evite el terminar con puntos suspensivos…

Hay que terminar antes de los 155 caracteres para evitar que el texto se corte en el momento menos oportuno. El mensaje debe calzar en la longitud permitida, hacerlo puede parecer complicado pero solo es cuestión de práctica.

En ocasiones se puede buscar justamente crear expectativa o despertar la curiosidad para que el usuario le dé clic.

Hay que darle una razón al usuario para que le dé clic. Si se quiere ser el elegido, se tiene que captar al usuario hay que llamar su atención: *qué me invita a darle clic, cuál es el premio por entrar, ver si responde a las necesidades que estoy buscando*. Eso busca el usuario.

Hay que ser conciso, persuasivo y tener el toque para poder hacer un buen copy o texto. Ya sea que se ofrezca un producto o un servicio, se vendan artículos o lo que sea bueno para otros, se tiene que ser claro en lo que se ofrece.

Hay que pensar en la descripción del anuncio que se tiene que vender para que entren a ver el contenido.

Etiquetas de encabezado

Las etiquetas de encabezado son elementos que van

en el código HTML del sitio y representan los encabezados de la página. Cada página de sitio tiene que tener el propio conjunto de etiquetas de encabezados.

Se deben usar diferentes etiquetas de encabezados con los títulos, para estructurar la página y dividirla en secciones y subsecciones, los encabezados ayudan a los motores de búsqueda y a los visitantes a entender de qué trata el sitio web.

Estos son algunos consejos que se tienen que tener en cuenta para las etiquetas de encabezados:

Las etiquetas de encabezados tienen una jerarquía descendente que van desde el H1 que es el encabezado 1 hasta el H6 o encabezado 6. Se puede usar para las etiquetas H2 en los títulos de las secciones y el H3 para los subtítulos dentro de estas secciones.

El resto de los estilos se asignan a la etiqueta del párrafo.

Si se desea que una etiqueta de encabezado sea asignada a más de una línea de texto, o se tienen saltos de líneas entre las palabras en el titular, se puede crear con Shift Enter para crear saltos de páginas en vez de solo dar Enter.

Hay que asegurarse de que ningún salto de línea sea vacío, debe asignarse al texto encabezado 1 ya que esto genera una etiqueta H1.

Palabras clave

Las palabras clave son el instrumento esencial en una investigación. Son términos compuestos por una o más palabras, son las formas en la que el usuario escribe sus dudas en los buscadores con el fin de lograr respuestas y solucionar problemas.

Aunque el término sea auto explicativo, no cuesta nada dar detalles de qué son y qué significan, al final esa fue la duda que atrajo al usuario.

Las palabras claves son básicamente los instrumentos de búsqueda. Hay que pensar en todas las búsquedas que se originan de una palabra usada para saciar necesidades en el buscador; las palabras clave pueden definirse como los términos usados por los usuarios para conseguir respuestas y darle solución a sus problemas.

Si se es un profesional del marketing, las palabras claves son los términos que se usan para direccionar a la hora de crear las páginas, los blogs, posts y sitios. Si se está buscando comprar pizzas las palabras que pone el usuario en el buscador pueden ser "dónde comprar pizzas, pizzerías cerca, pizza, pizzas económicas" y una infinidad de opciones, la palabra clave es lo que pone un usuario en la caja de texto del buscador cuando va a buscar algo.

Es definir una palabra clave para una cierta página, eso le pasa el mensaje a Google, donde se le dice que el contenido es de un término en específico. Si todo sale bien y se hizo la correcta selección de palabras clave el contenido será exhibido exactamente a la persona que hizo la búsqueda de aquella palabra clave.

4

CONTENIDO SEO

*I*mportancia del contenido de valor

Hay aspectos que son esenciales en una página web y una de ellas es el contenido de valor, donde se trabaje en crear una estrategia para poder optimizar el sitio.

El contenido de valor es esencial para la supervivencia de cualquier página en la actualidad. La presencia en internet es fundamental porque es el canal de comunicación entre lo que se quiere mostrar y los clientes potenciales. El reto es lograr una estrategia de contenido online que permita crear una conexión con los consumidores a través de diversas plataformas. Esto significa trabajar en el desarrollo de una presencia online diversa para representar la marca e interactuar con los consumidores por toda la red.

Las páginas web pueden recibir un volumen amplio de tráfico, pero en lo que se tienen que centrar es en lo que convierte realmente, que se goce de un contenido que sea claro, atractivo y con relevancia.

Entre más contenido se cree mayor va a ser el número de visitantes y conversiones que llegarán y lo que es más importante también se va a conservar a esos usuarios, se fidelizarán. El establecer relaciones es una base de atraer seguidores que sea cada vez mayor.

No hay una vara mágica que diga cómo se puede hacer contenido pero si hay algunas estrategias que se pueden seguir para lograr generar el mejor contenido, estas son algunas estrategias:

¿Qué tipo de contenido online?

Saber el tipo de contenido es el primer paso, esto se puede saber con un estudio de mercado que va a ayudar a identificar el tipo de contenido que mejor se adapte al mercado objetivo. Si ya se conocen a los clientes se sabe que se debe crear contenido online variado.

Toda comunicación con los visitantes tiene que ser planificada y bien pensada, el público quiere un contenido que sea de calidad, no solo se compite con rivales directos del sector, el contenido online compite con la atención del público objetivo y con el resto de internet. Esta sería la versión digital de sobrevivencia del más fuerte.

Contenido original

El contenido tiene que ser original, este es un ingrediente clave en cualquier estrategia de marketing de contenidos online exitosa. El contenido online único es importante como tener ventaja competitiva en un producto o servicio.

El desarrollo de una marca y el aumento del reconocimiento de un nombre por parte del público más amplio, dependerá de si la empresa destaca o no entre la competencia. Un contenido que sea original es lo que hace que sea especial para un seguidor fiel.

Las imágenes de archivo no emocionan a nadie, al fin y al cabo la gente solo recuerda a los originales. Puede que la imitación sea la forma más sincera de adular, pero en los sitios web, es una estrategia de alguien desesperado que no tiene la imaginación necesaria para hacer cosas originales. Muchos clientes potenciales se sienten decepcionados con un contenido online copiado.

Los tutoriales, las demostraciones, las guías, es lo que los consumidores quieren y esperan en un sitio, es decir un usuario no entra a perder el tiempo en un sitio, él tiene un objetivo y el sitio web se lo tiene que satisfacer.

La creación de contenido con valor en imágenes tipo gift o usar varias herramientas como videos originales de YouTube, es algo muy en boga que tiene buenos resultados.

No olvidar el CAT, llamada a la acción

El cierre perfecto para la publicación es usar un llamado a la acción, en algún momento de la publicación hay que asegurarse de que este mensaje esté intrínseco.

Puede ser una invitación a leer el contenido relacionado, a comprar el producto etc. Terminar con una llamada a la acción requiere de cierta elegancia, donde se incite a que el usuario haga una acción.

Cuando se habla de llamada a la acción es decir "Compra ahora nuestro producto" "Contáctanos para más información" "compra ya".

Estructura SEO de contenido (H1, H2, H3, etc.)

Para optimizar el SEO de un sitio web es clave que se establezca una estructura de contenido con jerarquía que contenga todos los elementos del posicionamiento básico.

Vamos a ir por partes para comprender lo que es esta jerarquización de los encabezados, aprender a hacer textos de calidad, trucos para redactar y mejorar la experiencia del usuario. Esto es clave en los factores de posicionamiento que Google tiene más en cuenta actualmente.

Todas las páginas web tienen que tener los siguientes elementos:

Palabra clave principal

Es la palabra que se quiere posicionar en la página. Hay que buscar y analizar la que sea más adecuada para cada caso. Es la que se debe usar en los elementos SEO del texto básico. En este caso se puede usar de palabra clave principal el "Estructura SEO de contenido", esto es solo un ejemplo.

Palabras clave secundarias

Se tienen que usar palabras clave secundarias para poder ampliar el contenido semántico del artículo.

Para esta sección que estamos trabajando podría ser "estructura SEO para principiantes", "Estructura SEO básico" "organizar SEO para contenido".

Son apenas ejemplos, se tiene que hacer una investigación para ver las palabras clave con más movimiento para usar las acordes a nuestros objetivos. Se deben trabajar sinónimos, otras maneras de cómo el usuario buscaría ese contenido que se está publicando.

Encabezados

Los encabezados le dan jerarquía a las secciones y esto ayuda a posicionarlo mejor, no hay que olvidar que se puede jerarquizar desde el título 1 que es el nombre del artículo hasta el 6, aunque los más usados son el título 2 y 3.

Título 1 es el más importante o H1, este es el título del post y le índica a Google el tema principal del artículo. Es el que optimiza el SEO de las páginas y los artículos. El título debe llevar la palabra clave principal.

Dentro del contenido no puede ir ningún H1, dentro del contenido se comienza por el H2 y cuando estos H2 requieren subtítulos se colocan H3 y si el H3 exige alguna sección de subtítulo se ponen H4.

Se pueden hacer subapartados hasta el H6, pero no es necesario, lo más usado es H2 y H3.

Dentro de los H2 se debería poner por lo menos una vez la palabra clave, también se puede hacer en el H3. Se puede jugar con las variaciones de la palabra clave.

No hay que incluir encabezados con frases sueltas, siempre hay que seguir una coherencia acorde con el encabezado.

Url del post con palabra clave

Se debe usar la palabra clave en la URL del post, no se debe repetir en las categorías o subcarpetas ya que se cometería un error de sobreoptimización.

No hay problema si se usan artículos y preposiciones ya que es natural, pero si la URL del post queda larga se puede eliminar.

Imágenes y vídeos

Como mínimo se debe usar una imagen en los artículos, pero si hay más es mejor. Es un modo de que el artículo sea más atractivo y se aumente el tiempo necesario para poderlo leer.

Se puede incrustar un video que complemente el

texto, Google considera más relevante un post que incluya contenido multimedia

Lenguaje fresco y entendible

¿Cuántas veces no se abandona un artículo porque está escrito en un lenguaje denso y aburrido que no engancha? Es imprescindible que el sitio sea fresco y que se entienda lo que se lea. Independientemente del tipo de contenido que se maneje siempre hay que escribirlo dirigido con frescura para el nicho, se tiene que gozar de un poco de talento para la escritura y eso que llaman el gancho, para atrapar al lector y que quiera seguir leyendo un poco más.

No importa si se habla de medicina o cómo regar plantas, sea el tema que sea el nicho que lo lea tiene que quedarse enganchado y seguir leyendo, por eso se tiene que escribir precisamente para el nicho al que se está enfocado.

Escribe para tu nicho

Un nicho de mercado es un término que se usa para referirse a un segmento del sector en el que los individuos poseen unas características y necesidades particulares y homogéneas. Estas últimas no están del todo cubiertas por la oferta general del mercado.

Los nichos de mercado se caracterizan en reconocer la segmentación y ven una nueva oportunidad para llegar a secciones donde no está satisfecha una necesidad.

Hay que responder estas preguntas:

¿Qué te Gusta?

La primera pregunta que se tiene que hacer a la hora de elegir un nicho de mercado para un blog es ¿Qué te gusta o cuál es tu pasión?

Al intentar sacar adelante un negocio digital por medio de un blog sin que el tema guste o por lo menos llame la atención es una mala idea, ya que al tiempo es posible que se tire.

Aquí es primordial que se tenga realmente la seguridad de lo que apasiona de verdad, ya que en los primeros tiempos del blog se debe escribir bastante para que Google y otros buscadores inicien a ver con buenos ojos el trabajo que se está haciendo.

Se puede hacer un par de artículos a la semana o al menos uno.

¿Qué sabes hacer?

Qué se sabe hacer, esa es la gran pregunta, allí es

donde aguarda lo que se tiene pasión por hacer, lo que harpa con gusto y placer.

Así se podrá elegir un nicho de mercado o temática para el blog y se deberá filtrar la lista de cosas que apasionan y dejar solo aquellas por las que realmente se sabe trabajar.

Se deben seleccionar los puntos de la lista donde se es experto o por lo menos donde se sabe más. Esto quiere decir lo que se tiene como experiencia adquirida.

Un ejemplo: si se trabajó en una empresa entonces se conoce un sector y a sus consumidores, si se es padre entonces se conocen los gustos que tienen las familias y sus necesidades, si se es universitario entonces se tiene un conocimiento adquirido.

El común entre las personas es el conocimiento profundo que se tiene ya sea por estudio o por experiencia propia porque se hizo esa tarea antes.

¿Qué necesitan las personas?

Se debe definir al cliente ideal que es el buyer persona y comenzar a escribir exclusivamente para ese grupo de personas con las necesidades específicas y particulares.

No sirve de nada un blog dedicado a varias temáticas diferentes, hay que enfocar la energía, el tiempo y el esfuerzo en una sola área de este primer minuto de vida del blog.

Para conseguir esto se tiene que especializar en el área sobre lo que se escribe.

Se puede dedicar a una sola temática, pero cuando se empiece a crear el contenido, una vez que se haya inventado la base se podrá unir al equipo con más personas y abordar más temáticas o nichos distintos.

5

CONSEJOS CLAVES PARA MANTENER EL SEO

*M*antener el contenido actualizado y relevante

Ahora que se ha podido poner en marcha el blog y se han subido los primeros posts, llega la gran pregunta: ¿con qué frecuencia actualizo el contenido?

Puede suceder que tras la euforia inicial de escribir los primeros artículos se comprenda que el blog ha llegado para quedarse y que dedicarle el tiempo que merece es todo un reto de acuerdo a la agenda que se tiene. Más de la mitad de los blogs que existen mueren porque no se atienden, no duran ni un año.

Ahora bien, ¿cada cuánto se supone que se debe

actualizar el blog? Lo bueno es crear un ritmo donde se publique siendo juicioso y sin abandonarlo.

A Google le gusta el contenido que sea fresco, cuanto más se actualice el blog más lo tendrá en cuenta porque confirmará de que se va en serio y se podrán indexar más páginas para ofrecerlas en retorno con resultados de búsqueda.

Igual sucede con todas las personas que se quieren tener como fieles que terminen siendo lectores asiduos. Ellos quieren contenido útil y de calidad, pero la competencia es dura, entre más se escriba más oportunidad hay de convencer a la gente de lo que se ofrece y valdrá la pena recibir más tráfico.

Sería ideal escribir a diario, pero esto no es fácil, cuesta hacerlo todos los días.

Como todo, no existe una fórmula mágica y al final todo es cuestión de trabajo y constancia, es el único camino.

Toma en cuenta estos consejos:

Hay que cumplir el ritmo que se paute

Tenemos la consciencia plena de que lo ideal sería escribir a diario, pero de momento se ha optado por ponerse a prueba y tomarle el ritmo, poco a poco hasta lograr un ajuste.

Se debería tener una frecuencia de publicación marcada, ceñirse a ella. Por ahora se puede empezar escribiendo tres días a la semana, por ejemplo publicar lunes, miércoles y viernes.

Es de gran ayuda sentar las bases de las publicaciones con un cronograma. De este modo el lector se acostumbra a que hay nuevo post cada ciertos días. Es por eso que la gran recomendación es cumplir a como dé lugar con el tiempo que se acostumbre a la audiencia a publicarle.

No se trata de convertir el blog en una obligación que termine en un tormento, se debe ver como la gran oportunidad para lograr objetivos que se han propuesto cuando se creó.

Si se creó este blog es porque tiene un objetivo para cumplir y porque así ha sido el deseo de quien lo hizo, pero para poder llegar a esa meta requiere de un poco de esfuerzo del dueño.

Si no se cumple una vez, habrá una segunda. Es fácil que si se falla una vez se vuelva a fallar en otro momento, en muchas ocasiones suceden muchas cosas en la vida. Una vez que no se cumple con algo, ya se tiene la excusa perfecta para dejar que vuelva a pasar. Hay que marcarse un ritmo, comprometerse antes que con el usuario consigo mismo, aunque el usuario es oro para cada bloguero.

Mientras se ciña al plan todo va a ir mejor, escribir con frecuencia va a ayudar a que se genere más tráfico, claro, si se hace cumpliendo con el SEO correctamente.

Pero tomar el hábito de escribir tres veces por semana para empezar ayuda a que se tome el hábito de hacerlo y ya luego fluirá más fácil.

Producir contenido de calidad que apunte a palabras clave de alta conversión

Esta es una inquietud que surge muchas veces, el convertir contenido de calidad con palabras clave que logren mucha conversión y que esté muy bien posicionada. Un contenido con estas características tendría que tener lo siguiente:

Una idea clara

Se deben definir los objetivos que se quieren conseguir con el contenido y saber a qué público se quiere dirigir. Allí se define el contenido esencial que será el que cubra la necesidad de un determinado nicho.

Búsqueda de palabras clave

Es interesante hacer una búsqueda de palabras clave, las que más se insertan en internet de acuerdo a las búsquedas que se pueden conseguir con herramientas como Adwords. Con esto se acerca a aquello que se quiere, relacionado con la temática que se va a tratar, además de mejorar el posicionamiento.

La importancia del título

Es lo primero que se ve al hacer una búsqueda y si llama la atención seguramente los lectores entrarán.

Los textos tienen que tener una buena redacción y una estructura llena de claridad, organizar párrafos sirve para dividir las ideas y ordenar en forma de pirámide invertida. Esto quiere decir que se comience por lo más importante y se termina por lo menos relevante.

Apenas se empiece a leer se tienen que responder las preguntas qué, cómo, cuándo, dónde y por qué. Luego se desarrollan las ideas iniciales.

Legibilidad en el texto

Los tamaños, las tipografías, el tono, los colores, todo esto es elemental para la legibilidad del texto para lograr en el usuario una experiencia y que se sienta cómodo leyendo el post.

Hay que mantener la manera de redactar, que el blog o la web tenga un sentido general, si no existe un orden en los temas tratados, es posible que el usuario se pierda y no regrese, es importante que se defina una línea y una estrategia en cuanto a los contenidos.

Si se produce un contenido de calidad, seguramente otras webs incluyan el enlace, el llamado link building, esto se traduce en más tráfico para ambas webs, y mejor posicionamiento en el buscador.

Es un recurso que cobra cada vez más importancia a la hora de posicionar los contenidos y ponerse delante o atrás.

Monitorear el posicionamiento de tus palabras clave y backlinks

Algo que hay que hacer es monitorear el posicionamiento de las palabras claves y backlinks. Dentro de las estrategias de posicionamiento SEO, el optimizar las palabras clave es una tarea central. Estos deben reflejar la intención que tienen los usuarios cuando hacen la búsqueda. Por lo tanto tienen que responder a los términos usados por ellos cuando se investigan los servicios y productos.

La selección e integración de palabras clave en los contenidos debe ser parte de una estrategia que debe revisarse constantemente y actualizarlas cuando es debido.

Hay diversas campañas, festividades, ofertas, épocas y eventos del año, esto produce cambios en las palabras usadas por los usuarios. A esto se suman las tendencias y la evolución de las tecnologías, las que se introducen constantemente en nuevos términos y reemplaza conceptos.

Un ejemplo: antes de que las redes sociales fueran masivas, las palabras "like", "me gusta" "perfil" y otras, eran usadas muy poco por los usuarios y tenían otro significado distinto al actual.

Las festividades y épocas del año producen otros tipos de cambios, en diciembre se usan palabras como "navidad", "regalos", "Santa".

Por ello es que es necesario constantemente hacer revisiones de estrategias de posicionamiento y hacer optimización periódica.

Realiza auditorías de contenido

Cuando se plantea el cómo lograr los objetivos se tiene que tener en cuenta el hacer auditorias de contenido con frecuencia. Hay que revisar la estrategia de marketing y se deben crear contenidos nuevos, ebooks, infografías, etc.

Frecuentemente se publican contenidos que pueden ser increíbles, pero nunca más se toman en cuenta. No se revisa el contenido generado ni sus impactos.

Según un estudio reciente, el 37% de los profesionales no llegan a hacer nunca una auditoria de contenido.

Lo que estos profesionales desconocen es que la auditoria les ofrece la posibilidad de mejorar la eficacia de la estrategia de marketing de contenidos que desea implementar.

¿La razón?

Una auditoría de contenido implica revisar, analizar y evaluar todo el contenido existente. Ayuda a que se revelen las fortalezas y debilidades para asegurarse de que la estrategia está en línea con los objetivos y las acciones de marketing de la empresa.

Una buena auditoria la puedes hacer siguiendo estos pasos:

Definir las metas y métricas

Una auditoria de contenido es un proceso arduo que consume mucho tiempo, por lo tanto es clave que se empiece con objetivos claros y definidos para lograr un resultado exitoso.

Hay que hacerse esta serie de preguntas antes de empezar con esta auditoria:

¿Qué beneficios se quieren obtener con una auditoria de contenido?

¿Qué resultados se esperan?

Pues la idea es que se verifique lo que está dando y no está dando resultado en el sitio web.

Es lograr mejorar los resultados SEO, implementar estrategias más acordes con el sitio web para aumentar el tráfico.

Se debe también aumentar el compromiso de la audiencia, que los seguidores comiencen a tener más deseos de leer el contenido.

Finalmente se tiene que mejorar la tasa de conversión.

Se debe realizar un control de contenido, recopilar las URLs y los datos necesarios para realizar la auditoria de contenido, es importante que se decida qué se quiere revisar y hacerlo.

Clasificar el contenido

El otro paso es que se clasifique el contenido. Hay que recopilar las URLs necesarias para realizar la auditoria, es hora de clasificarlas mediante una herramienta online o una hoja de Excel.

Recopilar y analizar los datos

La recolección de los datos son necesarios para hacer una auditoria de contenido, este es un proceso largo y complejo.

En circunstancias normales se deberían recopilar los datos de manera manual, además de tener que seleccionarlos con multitud de fuentes para poder incorporarlos a la hoja de Excel antes comentada.

6

HERRAMIENTAS SEO GRATUITAS

*G*oogle Analytics

Google Analytics se usa para monitorear el estado de un sitio web, se trata básicamente de un servicio de análisis web con el que se pueden obtener diferentes tipos de información de un site. Como su número de visitantes o la tasa de conversiones, todos ellos en tiempo real.

Con esta información es posible tomar las mejores decisiones sobre los aspectos que se deben cambiar o mejorar, y las cosas nuevas a implementar para el logro de los objetivos del sitio.

Google Search Console

El Google Search Console es una herramienta

gratuita de análisis y servicio de Google. Utiliza la Consola de Búsqueda de Google, se pueden hacer muchas configuraciones para sitios webs o aplicaciones, se pueden ver estadísticas y se pueden implementar acciones de optimización. Además advierte la presencia de backlinks no naturales o malware instalados en la web.

Los datos de Google Search Console no son públicos totalmente, las métricas de la Consola de Búsqueda de Google se pueden enlazar con Google Analytics para mejorar los datos.

Google Keyword Planner

El Google Keyword Planner es una herramienta que sirve para planificar las palabras clave de Google. Es herramienta básica para cualquier dueño de sitio web que quiera mejorar el SEO, potenciar su página y lograr grandes objetivos.

Cuando se es dueño de un sitio web, hay que desarrollar estrategias para conseguir visibilidad, es de los primeros pasos que se hacen, para ellos esta herramienta es una de las esenciales.

Sea cual sea la técnica que se quiera aplicar, esta herramienta se tiene que usar, así se conocerán las palabras clave que ayudarán a conseguir que el nicho consiga el sitio.

De los grandes retos que tienen los dueños de páginas web, está el elegir palabras clave asociadas a la personalidad del sitio y del nicho que se espera llegue a él. Esta herramienta puede lograr que se consigan las palabras clave ideales y logre crear un sitio con mucho éxito.

Google Trends

Google Trends es una herramienta de uso gratuito de Google que muestra las tendencias de búsquedas para diversas palabras clave.

Con Google Trends se puede conocer la popularidad de las palabras y compararlas con otras para ver cuál en la que más interesa impulsar el sitio web.

Incluye además una sección donde se muestra la tendencia en función del país y los sectores autónomos, así como temas relacionados con la palabra clave que se ha incluido en el buscador.

Sus gráficos se muestran así: en el eje X se ve el tiempo, los meses y años y en el eje Y el interés o popularidad de la palabra clave del 0 al 100, 100 es el nivel más alto.

Hay que destacar que si la palabra tiene pocas búsquedas Google Trends no mostrará resultados y aparecerá el siguiente mensaje: "Tu búsqueda no tiene suficientes datos para mostrar resultados". Para estos casos lo mejor es usar herramientas que no sean de Google como SEMrush o Ahrefs

Google Page Speed Insights

Google Page Speed Insights es una herramienta de Google para analizar y evaluar la velocidad en la que cargan los sitios web, lo más interesante es que suministra una serie de útiles sugerencias y herramientas para mejorar la velocidad de carga.

Sirve para evaluar la carga de la página web así como la implementación, con Page Insights, donde se ve la carga de imágenes, archivos JavaScript, CSS, entre otros.

A grandes rasgos y sin entrar en detalles se pueden resumir los objetivos de esta herramienta:

- Minimizar el número de peticiones HTTP que se producen.
- Reducir el tamaño de las respuestas de las peticiones HTTP.

- Optimizar el renderizado de la página en el navegador.

Page speed analiza la web y le asigna una puntuación o score sobre 100 que evalúa cuánto más rápida podría ser la carga de esta web.

Un score alto cercano al 100 indica que hay poco por mejorar, ya la página carga lo más rápido que puede hacerlo.

Mientras un score bajo indica que hay muchas mejoras que se pueden hacer. Es importante notar que esta puntuación o score es relativa a la página sobre la que se está, es decir no viene en función del tiempo que tarda en cargar la página sino en función de cuántas de las buenas prácticas antes comentadas se han seguido e implementado.

Se puede resumir que utilizar esta herramienta colo-cándola la URL en el link de la plataforma y así se evalúa.

SEMrush

SEMrush es un programa para profesionales del SEO/SEM que les permite analizar y comparar los datos que tiene con sus competidores. Hace búsquedas de dominios que devolverán información sobre el posicionamiento orgánico y el gasto en publicidad. Además, también se pueden hacer búsquedas de palabras clave específicas que darán información acerca del CPC, el número de resultados, las tendencias el volumen, entre otros.

Screaming Frog

Screraming Frog es una herramienta que permite rastrear todo un sitio web que actúa como una SEO Spider para conseguir un reporte de los enlaces, las imágenes, los códigos CSS, HTML, PHP o Java-Script, además de información útil para realizar una auditoria SEO.

En cierto sentido lo que hace Screaming es comportarse como una araña de Google y muestra reportes que dichas arañas ven cuándo revisan la web.

Copyscape

Copyscape proporciona la solución de detección de plagio online más potente y popular del mundo. Los productos que tiene esta plataforma son de la confianza de millones de propietarios de sitios web para comprobar su originalidad por este contenido novedoso. Se evita el contenido duplicado y la búsqueda de copias de contenido existente online.

Esta es una herramienta que ofrece un corrector de plagio libre para conseguir copias de las páginas web online así como soluciones potentes profesionales para prevenir el robo y fraude de contenido.

Yoast SEO

El Yoast SEO es un plugin y sirve para poner perfecto el sitio web, tiene todo lo necesario para lograrlo y así mejorar su presencia en los motores de búsqueda. La manera para conseguir tener un sitio en las primeras posiciones de Google y otros medios de búsqueda, exige el uso de esta herramienta que optimiza todo el contenido.

Además de potenciar la publicación de este sitio en los buscadores, el Yoast SEO sirve para dar un mejor posicionamiento en las redes sociales, y para mejorar la redacción en internet.

Aprovechar lo mejor de las herramientas SEO no es una tarea simple, al contrario necesita de muchas horas de trabajo y estrategias de acuerdo a los objetivos que se tengan. Se debe tener conocimiento para lograr llegar a los primeros lugares en los motores de búsqueda.

A estas alturas sabes lo importante que es el SEO,

entonces no es difícil comprender el motivo por el cual el Yoast SEO es tan importante.

Esta es una herramienta que funciona en WordPress y permite que se haga un control de la calificación SEO de los textos que se han publicado, el control es realmente simple de hacer, es ver que todos los elementos estén en verde, es lo que llaman el semáforo en verde.

Esta herramienta tiene un gran beneficio y es que se pueden crear los títulos y la descripción que aparece en los resultados de los buscadores, así es posible componer una portada, las secciones y los otros componentes de la página web de modo que el título se vea mucho más atractivo.

Además de permitir poner el título y una descripción más efectiva. Yoast SEO también permite que se escriba un título para mostrar de manera específica en redes sociales como Twitter y Facebook, esta es una acción que le da posibilidad a la gente para compartir el contenido con el que sienta afinidad.

Yoast SEO puede ser usado con imágenes distintas de las usadas en la entrada, principalmente si se desea mostrar en las redes sociales.

SERProbot

SERProbot era el antiguo SERPLAB, una herramienta online y de uso gratuito, en la que se puede ver día a día en qué posición se encuentra la página web para la búsqueda de una palabra clave, se puede ver cómo varía de posición con el paso del tiempo, por medio de una gráfica de evolución, de acuerdo a las métricas que ha tenido.

CONCLUSIÓN

En un estudio que se hizo, afirmó que los sitios web que aparecen en la primera página de resultados en el buscador de Google reciben el 91.5% de visitas, los que aparecen en el segundo lugar reciben un 4.8%, para la tercera un 1.1% de y de la cuarta a la décima reciben un 1.2% de visitas.

Con esto, solo fijándose en la primera página el resultado genera 18 veces más clics que el décimo según este estudio que realizó Slingshot SEO.

Más del 80% de los usuarios usan los buscadores para conseguir productos e información que desean.

El gran motor de búsqueda es Google y atiende a más de mil millones de consultas diarias.

Según el último informe realizado, más del 74% de los usuarios usan motores de búsqueda antes de comprar y el porcentaje de consulta aumenta día a día.

Entonces, si se tiene un sitio web y se quieren recibir visitas más allá de los amigos y conocidos hay que trabajar para lograr un buen SEO.

Con todo lo que hemos dicho en este trabajo, ya se sabe grosso modo el significa de SEO y los factores que inciden en el posicionamiento web.

Debe tener popularidad o autoridad, que se basa sencillamente en la experiencia del usuario, cuanto más se comparte el contenido más enlaces entrantes tiene el sitio web y será más tomado en cuenta.

La relevancia es la relación que tiene cierta página con una búsqueda realizada, no solo la cantidad de veces que se busca la palabra, sino también que la página esté optimizada para el buscador, con contenido original y de mucho valor con un tiempo de carga rápido.

Se tiene que estar atento a la presencia online y los resultados que arrojen los buscadores. Analizar los datos y el resultado que arrojan las palabras clave, darle una auditoria y seguimiento del tráfico y los enlaces de cada contenido para que se mantengan frescos y llamativos.

Se tiene que trabajar con el desarrollo web para que la optimización sea siempre un poco mejor. Hay que conseguir enlaces de páginas populares sin basarse en la compra de enlaces.

Finalmente se tiene que evitar el Black Hat SEO es decir no buscar el posicionamiento con técnicas poco éticas. No olvides que el SEO tiene que estar acompañado de una buena estrategia de marketing.

GANAR DINERO EN LÍNEA EN 2020

¡DESCUBRE LOS SECRETOS UTILIZADOS POR LOS PRINCIPALES VENDEDORES EN LÍNEA PARA GANAR MILLONES! TU GUÍA PASO A PASO PARA GENERAR DINERO EN LÍNEA, CONSTRUIR FLUJOS DE INGRESOS PASIVOS, Y RETIRARSE RICO A TRAVÉS DEL INTERNET - LA GUÍA PERFECTA PARA PRINCIPIANTES

INTRODUCCIÓN

En pleno siglo XXI existe un deseo frecuente de quienes componemos la estructura social moderna, este es el deseo ferviente de lograr un buen nivel de estabilidad financiera, sino más aun, la completa libertad en el área de las finanzas, esto dentro de otro contexto histórico podría haber significado de alguna manera un camino sin duda al excesivo trabajo de por vida, dicho de manera popular, se trataba de reventarse el lomo.

El más grande detalle que tiene nuestra era particular es que más allá del deseo por la libertad financiera tenemos un deseo más que enorme por lograr libertad en todos los ámbitos, queremos mantener un buen nivel financiero, pero también contar con el tiempo necesario y suficiente para que nuestras vidas puedan tener un nivel de libertad muy amplia, por ejemplo tener mucho tiempo que es el recurso invaluable con el que contamos.

Entregar toda nuestra vida a una estructura laboral que por lo general consume nuestro tiempo y que en algunos casos implica más que tiempo la salud misma; se nos ha vuelto casi imprescindible lograr desprendernos de todo ese sistema que se queda con gran parte de nuestras vidas.

Por esta razón nuestra generación se ha convertido en una generación inconforme, esa generación que desea ir más lejos y aventurarse por senderos muchas veces oscuros, pero que podría otorgar beneficios muy amplios, pero igualmente podría lanzarnos por un precipicio.

Este precipicio podría ser consecuencia del desconocimiento del mundo al cual nos estamos adentrando, muchos en su afán por salir de su zona de confort y aventurarse hacia el mundo de las inversiones sin la menor preparación, sino que muchas veces basadas en su emoción y en la urgencia de libertad que requieren, corren peligros incluso de quedar completamente en ruinas, pues la aventura que asumen sin estar listo para ello los toma por sorpresa y les ocasiona daños que podrían ser irreparables.

Lograr la independencia financiera y la plena libertad de la vida es una tarea sin lugar a duda urgente, y es fantástico que nuestra generación este completamente preocupado por ella, pero no deja de ser cierto que se requiere estar completamente listo para tomar riesgos como estos y no agotar en un intento emocional nuestros posibles pocos recursos que pueden sernos tan útil para llegar donde deseamos llegar.

Sí, claro que requiere trabajo, y un trabajo arduo de hecho con mayor ahínco porque se trata del trabajo con el que alcanzaras tu sueño, por lo general cuando tenemos un patrón durante las horas que pueda ocupar nuestra jornada laboral, queremos dar todo de nosotros con el fin de lograr complacer y estar a la altura de las exigencias del jefe, pues cuando tu jefe eres tú mismo tienes un mayor motivo para dar el todo, pues se trata de tu futuro, de tus sueños, sobre todo tu futura libertad.

Es que a pesar del enorme esfuerzo que debes dar, estas garantizando que ese esfuerzo del principio se convertirá en el éxito, la libertad y el tiempo que has soñado para lograr una vida como la que tanto anhelas.

En qué área debes emprender es el gran problema que ocupa a muchas personas, por ello suelen suceder los errores de los que ya hemos hablado, por suerte, contamos con uno de los elementos y herramientas más versátiles que podamos tener para dar el salto de una vida de esclavitud a una vida de libertad justo al alcance de nuestros dedos; la herramienta de la que estamos hablando sin duda alguna que es el internet.

Tan satanizado por algunos sectores de las sociedad, tan incomprendido, y tan mal utilizado, que muchos ni sospechan que esta herramienta podría ayudar a dar un salto cuantitativo y cualitativo a su vida, y digo mal utilizado sin temor a equivocarme, es que incluso puedo asegurar que subestimado, el mundo del internet podríamos compararlo con un universo paralelo en el que puedes ingresar y trascender más allá del entretenimiento y los beneficios comunicacionales que por excelencia este ha significado, y convertirse en tu gran oportunidad de salir de tu zona de confort y lograr la libertad que tanto has soñado.

Sin embargo uno de los problemas que pudo representar históricamente el obstáculo para que muchos lograran definitivamente lanzarse al mundo de la inversión, fue sin duda alguna el factor capital, solo unos pocos eran capaces de asumir riesgos que pusieran en peligro el mediano nivel de vida que podrían tener, no todos eran capaces de hipotecar su casa o vender su automóvil, asumir grandes compromisos con entidades bancarias para luego iniciar en el mundo de los negocios.

Por eso este tiempo histórico es completamente para ti, que tienes deseos de salir del estado de conformidad y deseas ir mas allá, voltear la mirada hacia acá, hacia el mundo de internet, esta herramienta es una empresa portátil, exactamente así, un mundo de negocios se abre ante ti con esta herramienta.

Lo mejor de todo es que aquí hay de todo y para todos, es decir, no hacer negocios a través de internet seria solamente no tener ganas de hacerlo, pues el mismo tiempo que ocupas luego de tus tareas en pasar tiempo colocado frente a la pantalla de un ordenador o teléfono celular haciendo uso de estos mecanismos para asuntos de entretenimiento, lo puedes utilizar efectivamente para ganar dinero.

Entre los miles de beneficios que puedes encontrar es que para iniciar en los negocios a través de este mundo no tienes que dejar (si así lo deseas) lo que estas haciendo ahora mismo, sino que puedes llevarlo como algo verdaderamente progresivo, una de las mayores ventajas es que para llevar a cabo este propósito podrías incluso no invertir ni un solo centavo, tal como lo estamos diciendo, puedes empezar a construir tu futuro usando esta herramienta sin necesidad de invertir nada o con una inversión muy baja.

Las formas o métodos a través de los cuales puedes empezar a monetizar por medio de esta herramienta fantástica podrían variar de acuerdo a tus capacidades, tiempo que dispongas para dedicarle, gustos particulares y cuan atrevido resultes, es decir, que hacer dinero por medio del internet solo va a depender de ti, enseñarte cómo hacerlo es nuestro trabajo.

1

ES UN ASUNTO MENTAL

*E*s cierto que un alto número de personas han sido enseñadas a adaptarse a un sistema a través del cual podamos asegurarnos la mayor estabilidad posible, hemos sido incrustado casi que a la fuerza en un modelo que nos ordenó la vida al estilo de ellos y bajo sus propios intereses, debemos pasar largos años inmersos en un mundo educativo que nos va preparando durante el tiempo que estemos en él para insertarnos el resto de nuestras vidas en un sistema laboral que nos garantice algunas seguridades, para finalmente llegar a nuestra vejez y contemos al menos con una pensión que nos permita llegar con un poco de estabilidad al día de nuestra muerte.

Resulta verdaderamente grotesco ver como los individuos que componemos esta sociedad muchas veces nos tornamos burlista ante los deseos de alguna persona de salir de la zona de confort, es cierto que se ha formado toda una estructura mental en la que se vea o incluso parezca ridículo que alguien tome la decisión de abandonar su mundo considerado como normal para salir a la aventura de conquistar su propio destino.

Muchas veces incluso nosotros mismos podemos soñar con ir más allá, pero nuestra estructura mental nos mantiene casi obligados a permanecer estancados por no asumir una posición si se quiere ridícula de acuerdo a nuestra muy aprendida percepción.

Por ello para poder definitivamente entender que tenemos la capacidad de iniciar una vida nueva y entrar en un mundo de oportunidades como el que nos ofrece el mundo de internet, debemos romper con todos esos esquemas mentales con los que hemos sido programados, es una especie de proceso de desaprender para volver a aprender, es reeducarnos y ver la vida fuera de nuestras fronteras mentales, sí, hay más, mucho más.

Iniciar en el mundo de los negocios a través de la web, nos ofrece además una de las vías más maravillosas de este medio, y es la posibilidad de hacer dinero con un margen de inversión muy bajo o incluso cero, vamos a detener nuestra mirada atentamente a la posibilidad de desarrollar nuestro propio negocio a través de este medio con el menor margen de inversión, pero que con astucia indudablemente se traducirá en el logro consecutivo de metas para desarrollar un negocio verdaderamente favorable en el aspecto financiero y laboral.

Aprende a captar las oportunidades

Cuando Andrés termino sus estudios primarios sus padres lo cambiaron de colegio para uno que resultaba mucho más prometedor en asuntos académicos, pero además de esto uno de los beneficios que ofrecía este colegio, era que prestaba servicio de transporte para sus estudiantes, sin embargo el primer día Andrés salió y nunca vio el transporte, de manera que se fue caminando, el día siguiente la historia fue completamente igual.

La estructura que este chico traía de su antigua escuela no le permitía ver que los horarios eran más exigentes, si quería gozar del beneficio del transporte debía estar más temprano en pie esperando que el transporte pasara para así poder abordarlo.

Su padre obviamente le explicó que si quería disfrutar del transporte debería estar más atento y esperar que este llegara para poder abordarlo; exactamente así podría estarnos sucediendo con el mundo del internet, este mundo está completamente repleto de oportunidades, muchísimas en realidad, pero ellas no te saltaran a la vista, debes estar atento y no dejar que se te vayan.

Enfoque y claridad son los principales ingredientes

Indudablemente que lo primero que debes realizar es despejar todas las dudas, poder quitar toda esa neblina que te acorta la visión de todo lo que puedes lograr, pero más aún todo lo que debes lograr, para efectivamente alcanzar el sueño de liberarte de toda esa estructura que te oprime y comenzar ya a ser productivo

El principio para poder monetizar en el mundo de internet es poder hacer un estudio detallado de cuáles son las vías distintas que te ofrece este mundo para hacer negocios, podrías evaluar cada uno de los medios como por ejemplo crear un blog, páginas web, ofrecer servicios en red y un largo etcétera, una vez que hayas despeados las dudas (y luego te ayudaremos a cómo lograr este paso) debes ir un poco más allá.

El siguiente paso que debes dar sin duda es enfocarte, y esto no es otra cosa que crear una fijación en eso que ha quedado ya aclarado respecto a las posibles vías de trabajo que te ofrece este medio maravilloso como lo es el mundo de internet, elaborar planes y estrategias con el objetivo de lograr de manera sistemática cada uno de los pasos que requieras dar para desarrollarte dentro del futuro negocio.

Haciendo una combinación de estos dos elementos estas irremediablemente destinado a comenzar con buen pie dentro del universo de los negocios web, recuerda se trata de claridad en primer lugar y el enfoque, despeja todas tus dudas y observa con mucha atención las oportunidades que hay para ti.

El arte de trazar objetivos (objetivos Smart)

Alcanzar nuestras metas de manera efectiva solo será una realidad a la medida que tengamos la disciplina suficiente de elaborar planes para llegar a ellos, y la única manera de que esos planes trasciendan más allá de una mera ilusión, será en definitiva tu capacidad de desarrollarlos de manera eficaz, una de las formas infalible de caminar de manera consecutiva y de forma sistemática a lograr aquello en lo que hemos fijado nuestra atención es justamente este método conocido como "objetivos Smart"

En primer lugar debemos trazar la necesaria diferencia entre lo que representa una meta y por su parte que es un objetivo, sabemos que la primera se refiere a aquel fin al que queremos llegar, es decir el propósito totalmente cumplido de manera tangible esa sería entonces la meta, mientras que por su parte un objetivo trataría de esos pasos claramente definido a través de los cuales llegare hasta la meta final, para graficarlo de alguna manera diremos que la meta es el segundo piso de un edificio y los objetivos vendrían a ser cada peldaño de la escalera que te llevara a ese segundo piso.

Dicho esto entonces evaluemos la manera más efectiva de llegar a cumplir con aquellos objetivos de los que estamos hablando, cuando hablamos de objetivos Smart nos referimos a una suerte de acróstico que se refiere a que dichos objetivos debe contar con las siguientes características: en primer lugar este objetivo debe tener como particularidad que debe ser especifico (Specific), puede medirse (Measurable), igualmente requiere ser alcanzable (Achievable), mientras que necesita ser realista (Realistic) y por ultimo debe estar marcado por un plazo de tiempo determinado (Timely).

Emprendimiento on line: todo depende de tu constancia

Al marcarte los objetivos que serán los que abrirán el camino de forma sistemática para lograr de manera definitiva el propósito de ganar dinero a través del mundo web, debes saber que la única forma en que esto sea totalmente efectivo será a través de la constancia.

Sin duda que todo camino tiene obstáculos que muchas veces van a dificultar ese propósito de lograr nuestros objetivos, de manera que debemos desarrollar una férrea voluntad de hacer que nos permita no doblegar jamás en nuestra intención de lograr nuestros objetivos, vamos a enumerar de forma sencilla pero altamente prácticas, algunos consejo muy eficaces para convertirnos en personas profundamente efectivas en todo aquellos que nos propongamos.

- *Escoge tu fin:* en primer lugar mencionamos un paso que a este punto ya debería ser un hecho, es decir elegir de forma clara cuál es la meta a la cual quieres llegar, este caso es desarrollar la capacidad de ser altamente efectivo a través de la web para hacer dinero, este punto está completamente claro.

- *Simplifica las cosas:* este punto también está prácticamente desarrollado en el apartado anterior, debes convertir tu meta principal en pequeños pasos consecutivos, querer lograr grandes cosas de prisa es un gran error, lo más práctico siempre resultara dividir esa metan en pequeñas acciones que de forma práctica se conviertan en realidad.

- *Apiádate de ti:* podría sonar gracioso pero es una realidad, uno de los mayores problemas que podemos presentar en el proceso de llegar a la meta deseada será tener compasión con nosotros mismos, errar es posible, fallar es una opción que tenemos todas las personas, lograr la perfección es más que una ilusión, de manera que al fallar no te juzgues pues esto es el más grande asesino de motivaciones, cuando algo no salga bien da un paso atrás evalúa las razones y vuelve a empezar.

- *Olvida los resultados:* alguien enseño que cuando un sembrador pone la semilla no pasa cada día abriendo la tierra a ver si la semilla esta germinando, sencillamente no crecerá, indudablemente si una persona con problemas de alcoholismo decide dejar de beber no sería para nada productivo estar contando cada hora que pasa sin tomar un trago, de eso se trata, enfócate en el aquí y el ahora, es la única forma de llegar satisfactoriamente a dónde quieres llegar, lo demás obsérvalo como mera ilusión.

Lograr tu propósito de ganar dinero a través del mundo web es una completa posibilidad que puedes alcanzar, incluso a pesar de no contar con alguna forma de capital, como ya hemos dicho antes solo se trata de estar bien atento, debes observar este mundo de negocios como un gran pastel en el que sin duda alguna hay un trozo para cada cual, para ti también lo hay, solo afina tu mirada, la oportunidad está ahí, solo necesitas estar atento.

2

MARKETING DE AFILIACIÓN UNA GRAN OPORTUNIDAD

*P*recisamente hablando de oportunidades, tenemos justo en frente una gran oportunidad, una de las maneras más prácticas que podemos encontrar en la actualidad de sacarle un gran provecho al mundo web es esta, el marketing de afiliación es una metodología a través de la que puedes monetizar llevando una consecución de resultado de tus posibles clientes a los cuales les prestarás el servicio publicitario, en este caso el pago se obtiene por metas cumplidas, es decir, llevar la publicidad hasta su fin que sería acceder a la compra del producto o servicio de tu anunciante.

Es la versión de ventas por catálogos

En efecto, hacer marketing de afiliación es justamente eso, una modalidad en línea de lo que antes se realizaba con una revistilla en mano en la que visitabas a los amigos, familiares y cualquier conocido que tuviera un perfil de posible cliente, los principios que debes observar podríamos decir que son casi exactos, la única diferencia es que ahora lo harás a través del mundo web.

Existen dos vías por medio de las cuales podrías ingresar en este mundo del marketing digital, podríamos decir que se trata de una vía rápida y otra más corta, sin embargo será en tu libre elección cuál de las dos se ajusta a tu perfil, aunque la recomendación en este momento seria considerar la que menos inversión requiera.

Una de las formulas sería crear un espacio web en el cual te dediques a anunciar servicios, por medio de este tendrías que conseguir que algunas empresas de productos o servicio anuncien contigo y tu ganaría dinero gracias a las ventas directas que logras hacer por medio de tu publicidad.

Asumamos que has logrado encontrar el patrocinio de una tienda que se encarga de la distribución de productos para gatos, entonces tu sitio web lo conviertes en un lugar donde hables sobre temas relacionado con el mismo, es la mejor manera de atraer personas a este nicho en particular, y luego de la información le brindas la oportunidad de acceder a los productos y servicios que ofrece esta tienda para gatos.

Amazon un gran ejemplo de oportunidad

La otra vía de la que hablamos es esta, empresas multinacionales en la rama del mercadeo, ofrecen medios y formulas interesantes para llevar a cabo este proceso antes mencionado pero sin necesidad de estar en busca de patrocinadores de tu sitio web.

Ese es el caso de empresas como Amazon, es conocido casi que por todos los servicios que ofrece Amazon, se trata de una empresa que lleva años en el negocio del mercadeo a través de la web, en la cual encuentras todo tipo de productos y servicios con alcance internacional y a precios realmente interesantes.

Pues una de las modalidades que te puede ofrecer Amazon en la actualidad lleva por nombre "Amazon afiliados", esta forma de trabajo te permite que puedas crear una cuenta por medio del cual tengas la posibilidad de comercializar con los mismos productos que ellos tienen en sus catálogos de ventas, en realidad es muy fácil de hacerlo, vamos a ver algunas recomendaciones que te servirán para iniciar en este fantástico negocio.

1. *Crea un sitio web:* lo primero es esto, debes crear un sitio web en el cual puedas llevar a cabo los enlaces con los cuales comercializaras los productos o servicios en cuestión, hay cientos de plataformas en este momento que hacen que esto no sea un problema, plataformas como wordpress por ejemplo ofrecen esta oportunidad a muy bajos costos, sin embargo, puedes ampliar tu abanico de oportunidades y elegir de acuerdo a tus intereses.

2. *Crea redacciones con análisis, comparativas y recomendaciones:* esta es tu estrategia de venta, por esto debes prestar un especial cuidado, tu sitio web, cualquiera que hayas decidido utilizar, deberá por tanto estar repleta de una excelente redacción, que puedan dar luces clara a tus posibles clientes para abrir las puertas a las futuras ventas.

Imaginemos que el producto que deseas promocionar se trata de zapatos tipos tenis, pues tus artículos deben girar en esa dirección, debes hacer un análisis de cuáles son los beneficios de usar tenis, la diferencia entre un tenis y una zapatilla, y elementos de ese tipo para luego ofrecer la alternativa de dirigirse al enlace que los llevara hasta el lugar de Amazon en el cual encontraran la posibilidad de llevar a cabo la compra de dicho producto, y de esta manera al concretarse la venta, automáticamente por el enlace a través del cual se accedió a la compra, Amazon de manera inmediata te adjudica esa venta.

1. *Incluye los enlaces:* esta será la forma de lograr monetizar como tal, debes crear un usuario o cuenta en Amazon afiliados, pues es a través de este mecanismo que te permita la plataforma de Amazon desarrollar enlaces directos a sus productos o servicios que ofrecerás de manera estratégica a través de tus redacciones.

2. *Posicionamiento de tu sitio web:* la manera única de que este modelo de negocio se convierta en algo verdaderamente rentable para ti, es lograr un buen tráfico de personas, pero no se trata de cualquier persona, sino que debes tener un enfoque directo en lo que

será tu cliente potencial, es decir tu público objetivo.

Durante muchos años a muchas personas las estrategias de venta no le rindieron los mejores resultados quizás por falta de objetivos, quizás por falta de enfoque, pero la falsa creencia de que todos son posibles clientes es la que pudo haber llevado a muchos sueños de trabajo incesante haber culminado en frustración, la mejor manera de llevar a cabo un negocio de ventas es sin dudas por primera reglar crear el enfoque correcto.

Enfoque del contexto en el cual desarrollaras dicho negocio, enfoque entonces en el producto que será la materia prima con la que desempeñaras tu negocio, pero por otro lado y el caso que nos compete ahora mismo, enfoque en tu público objetivo.

Pescar se hace un trabajo eficaz si sabes dónde lanzar la red, y esa es la gran ventaja que ofrece este negocio en línea, poder sectorizar de manera muy fácil el diferente público que anda por acá, y enfocarte en lograr el tráfico a tu sitio web de aquellos que de verdad representan tu público objetivo.

La forma de hacerlo es principalmente logrando posicionar tu sitio web, para lograr esto, debes entonces crear contenidos de excelencia que demás está decir, debes lograr captar de manera estratégica el interés de las personas.

Veamos algunos pequeños consejos breves de cómo crear artículos que resulten interesantes para tu público objetivo.

- Lo primero que debes tener en cuenta es crear contenido que lleven estructura de lista, se dice que estamos en la era de la síntesis, muchas personas desean leer información que no les resulte tan cansonas, de modo que esta estrategia es muy práctica, modelos como: "cinco maneras de perder peso sin salir de casa" "cuatro trucos prácticos para alcanzar el éxito"; cosas como esas, ese tipo de esquema resulta fresco y des complicado para aquellos que desean información rápida y no aburrida.

- Por otro lado debes estar completamente actualizado, tratar temas que no generen interés seria pérdida de tiempo, por ello debes estar en una constante búsqueda de nueva información que te permita mantener un buen nivel en la estructura de aquello sobre lo que redactaras.

- Además procura crear un feed back entre el usuario y tú, no lo hagas tan distante, dale la oportunidad de participar de manera abierta en el tema, por ello en tu redacción debes proponer preguntas o cualquier tipo de interacción que le lleve a sentirse parte de esto, para ello es bueno crear temas abiertos, que de alguna manera sean poco concluyente (de acuerdo claro a tus intereses) de manera que puedas invitarlo a que ofrezca su posible solución.

- Un tema sumamente importante en este sentido es el tema del SEO, para esto si deberías buscar una buena ayuda de algún profesional, poder desarrollar contenido que resulte inteligente en cuanto a palabras claves dentro de la estructura SEO será completamente importante para poder alcanzar un buen posicionamiento.

- Sobre todo el tema del título, aquí también debes estar bien ubicado para poder alcanzar buen posicionamiento en los motores de búsqueda sobre todo en el tema de google.

3

MONETIZACIÓN CON ADSENSE

*C*reo sin temor a equivocarme que no hubo antes una manera tan sencilla de ganar dinero a muy bajo costo, esta es una forma efectiva de monetizar con tu sitio web, es una de las tantas herramientas que ha creado el gigante de la web google, y a las cuales tienes acceso de una manera muy sencilla.

Adsense, al igual que Adword es un programa de google que permite realizar anuncios en tu sitio web incluso en canales de youtube, y tiene como ventaja que esta plataforma no necesita un seguimiento de ventas para poder asignarte un porcentaje de ganancia por venta, sencillamente a través del solo clic que cada persona dé a dicha publicidad desde tu web se van sumando centavos de dólares a tu cuenta.

Debes darte de alta en Adsense

En la actualidad la empresa más sólida en el mundo de la web para poder hacer dinero por publicidad es sin duda Adsense, por esta razón la primera tarea que tienes que realizar luego de creado tu espacio dentro de la web será darte de alta en esta plataforma, pero ¿cómo hacerlo?

Lograr un eficaz registro en la plataforma de Adsense es más fácil de lo que piensas, necesitas pera ello un correo electrónico de la misma plataforma, que esto es ya una regla para casi todo ser humano, de igual manera necesitas un blog, tema del que ya hemos hablado en capítulos anteriores, con las mismas características de las que venimos hablando, es decir, se trata de un blog que contenga buen contenido pero que sea completamente inédito, y finalmente necesitarías un número telefónico y un código postal.

Los pasos para crear tu cuenta en google Adsense son muy sencillas, aquí te vamos a dar una serie de datos sobre lo que vas a encontrar en este apartado de google.

- El primer paso será ingresar a la url de google Adsense, de todas maneras la forma más sencilla será "googlear" la palabra Adsense en el buscador de esta página y ella te generará normalmente el enlace de la página como tal.

- El paso siguiente será aportar la cuenta de correo electrónico con la que se activará tu cuenta, debes considerar que no debe ser una cuenta que hayas abierto de manera genérica, procura que sea una cuenta que acostumbres usar con la que no corras peligro alguno por ejemplo de perder las contraseñas, recuerda que toda la información de la página llegara a esa cuenta de correo electrónico.

- Lo siguiente será completar el resto de los datos con respecto al blog, indicar de que país es, y debes aceptar todos los términos y las condiciones que exige de manera normal dicha plataforma.

- Corresponde por el momento espera que google apruebe la solicitud, ya que esta verificara ante todo si el contenido que se encuentra en tu sitio web está acorde con sus políticas y las normas de dicha empresa. Pasado todo esto, empezaras a ver lo anuncios en tu página si estás de acuerdo con las normas de la empresa.

- Por último y el más importante por cierto es este, dejar el número de cuenta a través del cual recibirás el pago de las ganancias que te ira generando todos los anuncios en tu sitio.

- Una vez culminado este proceso, google se encargara de mandar hasta tu dirección de código postal un sobre que contendrá el código de confirmación, debes tener suficiente paciencia ya que el proceso podría tardar hasta dos semanas.

Solo debes crear contenido

Lo mejor de todo es que con este medio no tendrás la necesidad de hacer nada extra que lo que ya vienes realizando, solo necesitas ser altamente constante y mantenerte creando buen contenido, no existe la necesidad de crear ningún tipo de enlace ni nada parecido solo debes crear contenido, y el sistema de esta plataforma de manera automática colocara los anuncios en tu blog relacionados con el tema que estas publicando, y el pago se realiza por los clic que se les dé a la publicidad en cuestión.

Sin embargo dentro de esta modalidad de publicidad

existen igualmente modalidades distintas de pago de manera que veamos cada una de ellas.

- *Publicidad CPC:* esta es la que ya hemos mencionado anteriormente, se trata de generar ganancias por cada clic que reciba la publicidad que te otorgue el sistema de Advance.
- *Publicidad CPM:* en este caso la forma de adquirir ingreso estar relacionado con la cantidad de veces que se reproduzca el anuncio publicitario en tu sitio web, son especies de paquetes pre establecido con la empresa en el cual recibes tu pago una vez alcanzada la meta de las mil reproducciones del anuncio publicitario.

Poder generar ingresos a través de estas plataformas va a depender de varios elementos, lo primero sería el nicho en el cual te vayas a enfocar para generar contenido, es decir que depende de alguna manera del contenido que desarrolles, por otro lado el otro factor determinante vendría a ser la cantidad de anunciante que se encuentren en este nicho y por el ultimo estará basado en el tráfico de personas que ingresen a tu sitio web.

4

EL ARTE DE VENDER EN LA WEB

*C*uando hablamos de independencia financiera en el contexto que sea, sin duda que el primer pensamiento que puede ocupar la ente de una persona es la idea de vender, sí, es que el comercio es la única manera de poder desprendernos de la esclavitud de un sistema laboral, no solo vender mercancía, vender un servicio, vender una idea, es decir, cuando hablamos de vender no existen barreras más que la misma que nos pueda poner nuestra propia creatividad.

Vender es un arte, esto es una gran verdad, solo que el arte de vender ha evolucionado de igual manera como ha podido evolucionar nuestra sociedad en todos los ámbitos.

De manera que uno de los elementos que puede ayudarte como estrategia para hacer negocios de manera satisfactoria es sin duda el mundo de las ventas, tu blog es una gran herramienta para lograr el objetivo planteado aquí, ahora bien ¿Qué puedes vender y cómo hacerlo? De ello voy a hablarte a continuación.

¿Qué puedo vender en internet?

Lo primero que evaluaremos será esto, es que el mundo de las ventas en internet es tan amplio que podría incluso superar el mundo normal, esto es porque puedes vender casi cualquier cosa, como las ventas clásicas, hasta nuevos nichos producto de la dinámica propia de este universo web, pero para hacerlo más sencillo vamos a dividirlo en varios grupos para tener un panorama más amplio de lo que estoy diciendo.

Ventas clásicas

Vamos a llamar de esta manera a aquellas ventas que de manera tradicional pudieron existir y podría de hecho seguir funcionando sin la necesidad de internet, solo que con un adecuado método de adaptación podrías crear una verdadera revolución en ese nicho si usas las estrategias adecuadas, es que estamos hablando de cualquier cosa, desde un restaurante, panadería, venta de perfumes, ropa, zapatos y cualquier cosa que se te pueda ocurrir, existen ya de hecho todo tipo de estructuras y plataformas ya diseñadas para que puedas llevar ese sueño a cabo.

Supongamos que eres cocinero, y durante toda tu vida has desempeñado este oficio, pero ya no quieres trabajar para una empresa sino que quieres desarrollar tu propio proyecto, en otro tiempo eso podría significar de forma obligatoria, altas cantidades de dinero, necesitarías una local, un inmobiliario que incluía mesas, sillas, decoración, batería de cocina y todo un complejo equipo de vajillas, sin contar que luego tendrías que hacer una inversión enorme en mercancía y personas a través de la que pudieras desempeñar un trabajo de calidad, de verdad era casi imposible.

Todo ese aparataje, seria cosa del pasado si quiere emprender y no cuentas como invertir en todo eso, es decir no es que este mal lo anterior y posiblemente sea una meta poder lograr tener todo eso en un futuro, sin embargo ahora mismo, con la cocina de tu casa, tu blog, cualquier plataforma que ha desarrollado el mundo web de servicios domiciliarios y una excelente creatividad puedes llevar a cabo tu sueño de desarrollar tu proyecto de restaurante sin ningún problema.

Este principio lo puedes aplicar a cualquier otro negocio, como ya mencione tiendas de ropa, calzados, panadería, y pare usted de contar, el límite lo vas a colocar solamente tú.

Vende productos digitales

Un nuevo mundo de productos ha surgido como consecuencia de este universo paralelo que nos ha traído el internet, se trata de productos digitales, dentro de este renglón puedes encontrar productos novedosos, y lo importante es que no es algo que te este distante a ti aunque no estés tan familiarizado con esto.

Estamos hablando de ebooks, cursos on line, tutoriales y un buen etcétera, insisto todo dependerá de ti y tu imaginación, como ya te dije anteriormente quizás no estés tan familiarizado con esto pero es muy fácil, ubícate en el área que quieres desarrollar tu negocio y puedes adaptarlo a este sistema de trabajo, prosigamos entonces con el ejemplo anterior.

Eres cocinero y decidiste quedarte a trabajar por tu cuenta, ¿qué productos digitales puedes desarrollar?, crea video cursos, donde puedas enseñar a otros como desempeñarse en tu área, podrías hacer una serie de cursos que puedas vender a través de plataformas como Amazon, utilizando como medio estratégico tu propio blog.

Crearías un blog en el que hables del tema en cuestión, y vas posteando de acuerdo a los niveles del curso, pero además de eso ebooks, o artículos donde podrías enseñar técnicas específicas por ejemplo, "diez maneras de cocinar el pollo", o algo como "secretos para la mejor masa base para pizza", todo eso va a depender de ti, y recuerda que el límite para llegar tan lejos como quieras solo lo pondrás tú mismo.

Una idea fantástica y sencilla es enseñar a otros a hacer lo que tú estás haciendo, es decir una de las materias más buscadas por estos medios es aprender a prescindir del empleo tradicional y vivir ahora del mundo en línea, entonces sácale partido a eso, así como lo has aprendido enseña a otros también a hacerlo.

Servicios físicos

De igual forma y como ya he mencionado antes, seguir con la estructura tradicional de trabajo es una perfecta forma de emprender con la salvedad que ahora cuentas con una herramienta extra como lo es tu blog o página web, además las redes sociales suelen ser una excelente herramienta, esta realidad es tan evidente que incluso en el mundo entero casi todas las universidades han considerado crear cátedras on line, de manera que cualquiera que sea el área en la cual te desempeñes puedes perfectamente ofrecer tus servicios a través de la red.

Es importante dejar claro que para poder vender por internet no necesitas ser un gran experto, solo requieres de un poco de conocimiento y manejo de lo que es y cómo funcionan las ventas a través de la web, sin embargo sí debes tener completa claridad de tres elementos que resultaran imprescindibles a la hora de hacer tu emprendimiento vía web, estos vendría a ser la autoridad que impregnes en tu cliente por el manejo o destreza del artículo, producto o servicio que estas ofreciendo, la confianza que adquirirás como producto del servicio prestado, y por último la singularidad de la propuesta que haces, es decir, aunque sea el producto o servicio más genérico de la historia, asegúrate de ser único al punto que todos deseen tu propuesta.

Ya hemos visto qué vender, ahora veamos la mejor manera de llevar eso a cabo, vamos a ver una serie de consejos que puedes poner en práctica para poder desempeñar con cada una de las ideas de trabajo que puedas haber creado en el proceso de enfoque que hemos venido realizando, presta mucha atención.

HAGAMOS MARKETING DE CONTENIDOS:

lo primero que debes hacer es tomarte un tiempo para pensar en ese formato a través del cual puedes llegar a tu público, ese cliente potencial, luego analiza cuales son esos servicios que puedas ofrecer pero que además puedas explicar con toda libertad, entonces a partir de ahí, elabora una lista con todas las ideas que puedan surgir y ahora piensa en los recursos que puedan resultar útiles y el contenido que vas a ofrecer.

Una regla ineludible respecto a este contenido que vas a ofrecer a tus potenciales clientes es que debes considerar las necesidades particulares de cada uno de ellos, la experiencia que puedan tener respecto a ese nicho la formación y la edades que comprenden los que vayan a acceder a tu producto, por ejemplo vas a hablar de video juegos y tu producto guarda relación con ello, ya debes saber entonces que el lenguaje es un lenguaje técnico juvenil, los chicos y jóvenes son los que representan tu público objetivo por lo tanto en ellos debes enfocarte.

CREA TU PLAN DE TRABAJOS:

crear un negocio exitoso a través de internet no es un asunto fortuito, no se trata de trata de casualidades, sino de estrategias, por eso es imprescindible que desarrolles un plan estratégico de publicación de contenidos, antes de iniciar tu negocio, elabora ya el calendario de publicaciones con fechas y temas específicos para que nada te tome por sorpresa sino que todo esté completamente calculado.

PREPÁRATE PARA PESCAR:

dependiendo de la estrategia que vayas a utilizar, debes tener listo un formulario con el cual podrás captar a los posibles clientes que vayan a acceder a tus servicios o productos, debes desarrollar una estrategia para crear tu base de datos, con la información completa de tus futuros clientes.

En el caso de los blog puedes usar la estrategia de hacer una negociación de algún servicio o producto a cambio de sus datos, por ejemplo, "llena este formulario que te dejamos a continuación haz clic en aceptar y tendrás acceso totalmente gratuito una master class de guitarra".

Si desarrollas contenido audiovisual que puedas compartir a través de plataformas como youtube, también tienes formas de captar estos posibles clientes, la forma más práctica es hacer uso de la configuración, luego la optimización de pantallas finales, es más sencillo de lo que parece, la pantalla final viene a ser esa pantalla que aparecerá justo después de culminado el video en cuestión, justo en esa pantalla puedes agregar algunos enlaces, es decir tienes varias opciones, la recomendación seria acceder a la opción que te permite crear un enlace a tu sitio web de esa manera lo estarías llevando a manera de escalera hasta conseguir que acceda a llenar el formulario.

CREA NEWSLETTERS:

A través de estrategias como las antes mencionadas tendrás acceso a lo más importante que será la base de datos que incluye su bandeja de correos electrónicos, para ello deberás ya tener desarrollado este "newsletters" que no es otra cosa que un boletín informativo que estarás repartiendo a través de los correos electrónicos con cierta periodicidad, podría ser diario, semanal, quincenal, incluso algunos prefieren hacerlo por campañas, podría ser por lanzamiento de productos nuevos o el ofrecimiento de un nuevo servicio.

Debes asegurarte fundamentalmente en la idea de hacer estos boletines con enfoque mayormente informativos, que de manera sutil los lleve a acceder a la compra, pero no usarlos como medio directo de compras, en realidad es poco funcional.

ENFÓCATE EN CAPTAR TRAFICO:

es que no hay otra forma de captar clientes sino a través del tráfico que se generes alrededor de tu cuenta, o sitios web, para esto la estrategia es fundamental, debes esforzarte por lograr el posicionamiento SEO, además optimizar los mecanismos a través de los que las personas llegarán hasta ti, por ejemplo la presencia en las redes sociales, mantén un continuo trinar a través de twitter, sigue cuentas de instagram y participa activamente en comentarios sobre temas de interés e invítalos a visitarte, participa en foros o grupos de Facebook incluso créalos tu mismo, todos con el enfoque de conseguir el tráfico para tu sitio web.

OPTIMIZA TU PÁGINA:

tu sitio web es tu carpeta de trabajo, no puede ser un lugar anticuado y disfuncional, en el debes agregar todos los elementos necesarios para atrapar definitivamente a tu cliente potencial, por ello en primer lugar debes mantener un contenido fresco, actualizado, además debes incluir todas las herramientas necesarias para que el cliente futuro puede ejercer acciones desde allí, como métodos de pagos, enlaces, carrito de compras, etc., todo estará necesariamente contextualizado al tipo de producto y el cliente.

Viendo finalmente todos estos pasos vamos a enfocarnos por un momento en maneras prácticas de hacer dinero a través de la web, y hablando de formas practicas no habría otra más que le de crear cursos on line, y ofrecer servicios, es que cada día es más práctico para las personas que buscan cualquier cosa acceder a la web desde por ejemplo su teléfono y procesar la información que requieren, además que en este mismo orden de ideas, son muchas las personas que quieren aprender un buen oficio, y eso que tú sabes hacer muchos estarían dispuesto a pagarte por aprender a hacerlo.

Enfócate en un nicho

Tal y como ya hemos mencionado, el enfoque es prioritario en este asunto, pero para ser más específico y usando de alguna manera un poco de exageración para graficarlo, tienes que crear un "enfoque del enfoque", me explico, dentro del nicho que has elegido hay si se quiere varios sub nichos; sigamos usando como ejemplo el tema del cocinero que ya mencionamos antes.

Sabemos que dentro del área de cocina existen un mundo enorme de posibilidades, de habilidades, de rubros, técnicas, etc., entonces no podríamos vender solo un curso de cocina, debes enfocarte en el nicho especifico que vas a ocupar respecto a este tema, por ejemplo: "técnicas culinarias de la cocina tailandesa" ahí tienes un nicho especifico, o quizás "principios básicos de administración de restaurante", de manera que debes enfocarte en el nicho y ahora enfocarte en el público objetivo de ese nicho que estamos mencionando.

Sin embargo vamos a ver la mejor manera en la que podamos escoger el correcto nicho de mercado y así evitaremos posibles errores.

HAS UNA EVALUACIÓN DE TUS COMPETENCIAS:

seria completamente inútil o al menos muy largo y bastante cuesta arriba escoger como medio de negocio un área en la que no tengo el menor conocimiento, imagina que un licenciado en matemáticas que nunca conoció si quiera lo que es un acorde musical decida desarrollar y vender cursos sobre "cómo grabar un disco en casa", solo por el simple hecho de que la propuesta es interesante y comercial.

Entonces estamos hablando de coherencia y sentido común, tener una mente de mercado y ver oportunidades como esas y querer aprovecharlas esta fantástico pero además de tus competencias ¿cuáles son tus capacidades?, si estas en la capacidad de pagar por un profesor que esté dispuesto a colaborar contigo en tu propósito, perfecto, pero en este caso dependería de si tienes la capacidad de llevar a cabo este propósito.

CALCULA CUAL ES EL POTENCIAL DEL NICHO:

por otro lado y quizás un poco contrario a la idea anterior es la evaluación de cuál es el potencial que tenga el nicho que has elegido, entonces podríamos evaluar si resultase más productivo avanzar intentando con ese nicho o tener que especializarte en otro, todo se trata de rentabilidad, ¿cuán rentable podría resultar eso que decidiste? Para ello deberás elaborar un análisis del mercado y si las conclusiones arrojan que no es viable para el negocio en el sentido de productividad y efectividad es momento de dar un paso atrás y reimpulsarte.

ASEGÚRATE DE PODER CUBRIR LAS EXPECTATIVAS:

es de vital importancia que tengas la seguridad que vas a poder sobre llevar la responsabilidad del nicho que has elegido, por esta misma razón el primer paso sugiere que evalúes tu competencias, pues debes en lo máximo no improvisar, todo esto viene a configurar los principios elementales para que puedas escoger el nicho de mercado.

Lo más recomendable es que en el caso que según tu

evaluación determines que lo recomendable será ingresar en un nicho en el cual no tengas mucha preparación, decidas ante todo cual será el mecanismo o el método por medio del cual llevaras a cabo tu preparación y así puedas estar completamente preparado para llevar a cabo esta tarea.

Las plataformas freelancer

Cada día más conocidas y más populares vienen a tomar parte de este juego este tipo de plataformas, su nombre que quiere decir "independiente" viene justamente a ofrecer solución a aquellas personas que han determinado emprender por su propia cuenta y desarrollar un esquema de trabajo que no requiera ajustarse a métodos establecidos por una empresa en particular.

Sin embargo entrar en estas modalidades, requiere de ciertos elementos que serían determinantes para triunfar, de manera que se hace preciso evaluar los distintos elementos se requieren para convertirte en un verdadero freelancer y no morir en el intento.

¿Qué es una plataforma FreeLancer?

En primer lugar despejemos cualquier duda, entonces debemos aclarar a que se refiere esto de "plataformas freelancer" se trata de algunas empresas (por mencionarlo de algún modo) que a través del mundo web surgen como puente para establecer conexiones entre un prestador de servicio y un usuario de dicho servicio.

Estas plataformas son relativamente fáciles de acceder, debes crear un usuario, y a través de este vas a exponer tus habilidades, debes llenar toda la información de tu portafolio, es decir vas a crear un enunciado de toda tu experiencia en el área que vas a proponer prestar servicios, por su parte miles de personas y empresas ingresan un usuario como solicitante de servicios.

La página arroja las solicitudes de dicho servicios y todos aquellos "freelancer" que cuenten con la experiencia y habilidades requerida por el solicitante, entran en una especie de subasta donde cada cual hará su propuesta y luego toca esperar a que sea aprobada.

Consejos para triunfar en esta plataforma

Lo fundamental es estar completamente seguros de contar con la capacidad de realizar de manera óptima las labores que estén solicitando, el incumplimiento de tareas suele ser motivo de mala puntuación y esto a su vez podría acarrear ser dado de baja de la plataforma, pero en caso contrario el buen cumplimiento de las labores dentro de la plataforma se irá convirtiendo progresivamente en excelente puntuación que generará un perfil atractivo para que se abran mayores oportunidades laborales dentro de este medio, pero evaluemos otros consejos:

PUNTUALIDAD:

la mejor acción que puedes ejercer dentro de plataformas freenlacer es ser puntual, por esta razón jamás debes postular para un trabajo que no estés seguro que puedas cumplir, esto es la mayor causa de bajas dentro de estas plataformas.

EXIGE EL MÁXIMO DE TI:

si dentro de la estructura solo estás buscando una manera de conseguir algo de dinerito extra que venga a solventar tus gastos del día a día, está bien que seas un promedio, pero si en realidad deseas salir adelante en el mundo de la independencia laboral y convertirte en tu propio jefe y dueño de tu destino, debes tomar esto lo más en serio posible entonces debes dar no menos del todo.

Para tener una idea de a que me refiero con el todo, se trata de no solo ser puntual, más que eso rebasar tus propias expectativas, debes cumplir con todos tus objetivos pero si es posible debes lograrlo antes del tiempo estipulado.

APRENDE CADA LECCIÓN:

indudablemente que todo camino tiene su nivel de obstáculos, este no es la excepción, por lo tanto es muy probable enfrentarte a obstáculos que podrían generar la posibilidad de que algo salga mal, pues bien, saca el mayor provecho que puedas a esa circunstancia y no permitas que se convierta en una situación recurrente.

Estas ideas recién planteadas son a rango general para ingresar al mundo freelancer, sin embargo es preciso evaluar algunas precauciones que debemos tener en cuenta a la hora de llegar a este medio.

Falta de disciplina

Podría parecer una broma, pero el más grande obstáculo que puedes enfrentar en este medio de trabajo podría ser de hecho su mayor virtud y no es otra cosa que "la libertad"; lamentablemente hemos sido diseñados para estar encuadrado dentro de un patrón determinado, que nos acostumbró de alguna manera inconscientes o consciente a solo ser eficaces tras órdenes a manera incluso de látigo.

La mayoría de personas que se ha logrado adaptar de manera exitosa a una estructura laboral como por ejemplo llegar puntal y cumplir con cada una de sus funciones como debe ser, por lo general está basado en el temor de perder la seguridad que le brinda el trabajo, es decir en realidad no son tan buenos trabajadores, solo temen ser echados del trabajo.

Por ello antes de tomar la determinación de separarte definitivamente de tu estructura tradicional laboral debes ya de manera constante ir creando los hábitos necesarios para que logres crear una disciplina de trabajo que te permita ser tan esforzado contigo mismo como sueles ser con tu estructura tradicional.

Cuidado con el desenfoque

Otro factor que debes cuidar ha de ser el tema del desenfoque, debes tener sumo cuidado en no cometer el error de llevarte por emociones causadas por los atractivos que puedan resultar otras opciones que vayan surgiendo a medida que transcurre el tiempo, hay áreas de trabajo que pueden tener más alta demanda en ciertas épocas o temporadas, sin embargo el desenfoque es el enemigo número uno, estar desenfocado limitara la posibilidad de ir adquiriendo cada vez más experiencia y convertirte en un gran profesional.

5

ASISTENTE VIRTUAL

*E*ntre el cumulo de tareas que puedas interpretar y desarrollar en este medio como mecanismo para hacerte de un buen dinero con la menor inversión posible, incluso sin inversión, estaría en un buen punto la asistencia virtual, es que el mismo hecho de la enorme industria que se ha convertido este mundo del trabajo on line, sería casi perfecto tomar la determinación, de sacar tiempo de tus tareas cotidianas para prepararte en este medio, indudablemente trabajo es lo que va a sobrar, cada día son más y más las personas que desean encontrar asesoría oportuna para llevar a cabo un proyecto web o un sinfín de situaciones que requiere de la asistencia de un profesional.

Identifica una habilidad única que te permita brindar asistencia

Dentro de la serie de nichos que existen en el mundo de la asistencia virtual es una completa garantía que habrán trabajos que sin duda se pueden ajustar a tus capacidades, y a tus cualidades particulares, basado en un exhaustivo estudio y análisis de todas y cada una de ellas debes determinar cuál es la que podría funcionar por tus capacidades.

Ofrece soporte técnico a distancia

Un factor importantísimos que identifica al individuo de la sociedad actual es la de carecer de tiempo, por esta razón muchas personas requieren siempre de alguien o una empresa que les logre brindar asesoría a larga distancia por ahorros de tiempo e incluso de dinero.

Esta es la recomendación, en este sentido descubre los distintos canales que puedes utilizar para lograr establecer un mecanismo de asesoría a larga distancia y de esta manera te conviertas en una solución definitiva para el nicho que has elegido como mecanismo para proyectar tu nuevo método laboral.

Dentro del mundo de oportunidades en los cuales puedes ofrecer soporte técnico encontramos una serie de nichos que podría ser una gran oportunidad para ti, y de esta manera iniciar tu negocio sin hacer inversiones representativas:

- *Gestión de correo electrónico:* al contrario de lo que muchos piensan el correo electrónico es una herramienta que cada vez va en mayor auge un gestor de correo electrónico viene a ser un programa que permite la configuración de varios correos electrónicos a la vez, crear campañas, revisar mensajes, responder, etc.
- *Difusión de contenidos en redes sociales:* en efecto muchas empresas y personas requieren de especialistas que puedan desarrollar los contenidos necesarios para sus propósitos.
- *Edición de videos y podcast:* esto es una plataforma que ha venido creciendo de manera exponencial el mundo de los podcast incluso algunos suelen asegurar que terminara por desplazar definitivamente a la radio tradicional, cada día es mayor el número de contenidos que van agregando a este medio de difusión y al igual que los videos requiere, de profesionales que puedan

desempeñar un trabajo eficiente en temas sobre todo de la post producción.

Estos solo a modo de ejemplo, sin embargo podríamos enumerar otro sinfín de oportunidades que podrías tener en el área de soporte técnico, podríamos mencionar ramas tan productivas e interesantes como diseño de imágenes y banner, gestión y organización de agendas, soporte en cursos on line y webinars, análisis de encuestas y muchos otros.

6

OFRECE TU SERVICIO COMO COACH

*H*emos llegado a un punto central del ámbito dentro de los trabajos web que han venido a perfilarse como uno de los más altamente solicitados hoy en día, es el tema del coaching, muchas empresas y grupos con intereses comunes hoy en día se destacan por solicitar la asesoría de coach en diferentes ramas.

La palabra coach no quiere decir otra cosa más que "entrenador" y es justamente eso, una persona que se encarga de entrenar como ya he mencionado, a grupos de personas con fines comunes o empresas, a fin de sacar el mayor beneficio de dicho equipo de trabajo y llevarlos a cumplir metas determinada y además de dotarlos de las herramientas necesarias para triunfar en esa área específica.

Para convertirte en un coach debes solo elaborar un método eficaz para ofrecer asesoramiento a dicho grupo de persona en un área en la que seas un gran profesional y tengas altas capacidades profesionales, de manera que esta es la mejor estrategia para iniciar dentro del mundo de laboral on line sin necesidad de abandonar el área específica en el cual te desempeñas, es justamente en esta área que por ejemplo muchos docentes universitarios han aprovechado para sacar un gran provecho de su profesión.

Acompañamiento uno a uno

Tal y como lo mencione antes, puedes ofrecer tu asesoría y acompañamiento de personas particulares o pequeños grupos a fin de llevarlos de manera sistemática y casi de la mano a los logros consecutivos de sus metas particulares llevándoles de forma progresiva a lograr cada uno de los objetivos que estos se hayan trazado.

CONCLUSIÓN

En definitiva, como coach o en cualquier área que decidas emprender camino a tus sueños de poder invertir en el mundo web, lo verdadero es que debes estar completamente convencido que es absolutamente alcanzable, y totalmente posible, hemos descubierto que es un asunto sin duda mental, son millones las personas que has decidido prestar sus conocimientos, tiempo y esfuerzo en desarrollar todo un negocio bien lucrativo en el ámbito on line.

Solo consiste en hacer una evaluación justa de las oportunidades que realmente te brinda este medio, es el enfoque y la claridad, no olvides mantener tu mente despejada de todos los obstáculos y distracciones y convéncete, termina por creer que no es un juego de niños el mundo del trabajo en internet, es un método y un mecanismo realmente serio con el cual podrás lograr tu meta definitiva de lograr la libertad financiera, pero sobre todo a muy bajo costo.

Y es que en la mentalidad del hombre moderno podría existir aun el prejuicio que para poder emprender necesitas una suma incalculable de dinero, en cualquier rama profesional que te encuentres tal parece que nos diseñaron para creer que no hay forma de salir de las estructura tradicional pero la verdad es otra.

Por ejemplo el marketing es una estrategia que ha funcionado desde siempre y no es la excepción en el mundo de los negocios on line, solo recuerda que necesitaras desarrollar cualidades especificas pero que su logro es relativamente fácil y a muy bajo costo, es que en la vida misma quedarse en el rezago es un gravísimo error, es necesario mantenernos actualizados de las tendencias que vienen surgiendo como medio de crecimiento.

Se podría comparar con una enorme ola que podría cumplir dos propósitos, o te montas sobre ella y disfrutas el placer de surfearla o sufrirás el inevitable desastre de ser aplastado por ella, y no es exagerado, muchas de las profesiones, tareas y oficios que han sido desempeñados de manera tradicional son cada vez más las empresas o estructuras que las van llevando irremediablemente a la consolidación a través de la web.

Ejemplo de lo dicho lo tenemos por ejemplo en la producción de contenidos audiovisuales, cada vez son más grandes las plataformas web que vas desplazando de alguna manera las formas tradicionales de acceder a estos servicios, la radio, la televisión, el cine y otros deberán ir adaptándose cada vez más y ajustando sus estrategias en mudar sus servicios de plataforma sino se encontrarán irremediablemente destinados a la extinción.

De igual forma se da con los mecanismos tradicionales de publicidad y mercadeo, muchas empresas de marketing han comprendido que el alcance obtenido de andar 12 horas en la calle caminando repartiendo folletos que por lo general terminan en el canasto de la basura no tienen en realidad un impacto verdadero en comparación con los logros que pueden alcanzar usando plataformas on line.

De manera que la opción esta en tus manos, pero a las alturas de la época que estamos viviendo en realidad no existe excusa alguna para no llevar a cabo el sueño que tanto hemos tenido de lograr la independencia laboral, los pasos están completamente claro solo quedaría en manos de tu determinación de seguir donde estas o avanzar en función de tus sueños.

Si decimos que tienes que hacer una inversión en comparación con las estrategias antiguas utilizadas para desarrollar tu sueño de salir de las estructuras laborales tradicionales, la más grande inversión es en todo caso la inversión en una página web que resulta realmente algo insignificante, la verdadera inversión que vas a hacer en esta ocasión se trata de tiempo, esfuerzo, y verdaderas ganas de salir adelante.

El tiempo es el verdadero recurso invaluable, y por regla general es este el que vendemos cuando entregamos nuestro esfuerzo y dedicación a desarrollar los proyectos de otros, es que en realidad se trata de eso, cuando estamos incrustados en una estructura laboral solo estamos llevando a cabo los sueños de otros al precio de nuestra propia vida.

Recientemente leía una especie de broma que me resultó sumamente gracioso, un trabajador contaba lo siguiente: "ayer cuando llegue a mi trabajo encontré a mi jefe en un auto nuevo del año y verdaderamente hermoso este conmovido me miró y me dijo: si trabajas duro y pones todo tu empeño, el año próximo podré comprarme otro", efectivamente esta es la situación.

No estoy de ninguna manera tratando de desvirtuar el ser parte de un modelo laboral que perfectamente podría ser útil para algunos, pero si tu deseo realmente es lograr la libertad que en realidad merecemos, no pierdas más tu tiempo y mira el enorme abanico de oportunidades que tenemos en nuestras manos y sal de una vez por todas en pos de tus sueños.

Así que debes tomar acción dando pasos importante y realmente determinante, lo primero que debes hacer es, ponte en contacto con un profesional o por tu propia cuenta comienza a asesorarte de manera autodidacta de la manera en que puedes desarrollar tu sitio web, es que sin duda es esta la manera más práctica de monetizar, haz la observación precisa de cuál es el nicho en el que te vas a convertir en un gran experto, comienza a trabajar en el desarrollo de contenidos, de hecho crea haz tu agenda de contenidos pero de la manera más estratégica posible y ponla frente a tus ojos.

Así comienza ya a crear la disciplina necesaria y ya sea que decidas monetizar con publicidad por clic, por mil impresiones, bien sea Adsense mejor aún convertirte en un estratega del mundo on line desarrollando servicios web o la estrategia que sea, debes elaborar tu plan de trabajo como lo te lo hemos recomendado ya de manera sistemática pero comienza a generar dinero desde ya con internet con la menor inversión posible.

BLOGGING PARA OBTENER GANANCIAS EN 2020

LA GUÍA PARA PRINCIPIANTES PARA DESARROLLAR UN SITIO WEB CON WORDPRESS, CREANDO UN BLOG QUE GENERA UTILIDADES, Y HACER DINERO EN LÍNEA A TRAVÉS DEL MARKETING DE AFILIADOS Y REDES SOCIALES. DESCUBRE CÓMO OBTENER INGRESOS PASIVOS, REEMPLAZA TU TRABAJO, Y DOMINA EL SEO

INTRODUCCIÓN

En la era de la híper conectividad poder desarrollar métodos de trabajo que ayude a lograr la libertad en varias direcciones, (financiera, de tiempo, etc.) una de las estrategias que está en la mira de muchos es lograr usar la herramienta por excelencia de hoy en día para llegar a este cometido.

Es que el mundo web sin duda alguna se ha convertido en la opción principal para muchos que han decidido ser sus propios jefes, esto sin ser limitante para que muchos lleven a cabo proyectos de envergadura como inversiones empresariales o arrojarse de manera atrevida al mundo del mercadeo, sin embargo, indudablemente es a través de internet que se llevan a cabo gran parte de su campaña publicitaria.

Lograr hacer dinero a través de la web sin duda es la manera favorita hoy por hoy, y es que dada la versatilidad que ofrece el mundo web, sería una verdadera pérdida de tiempo no aprovechar las bondades que nos ofrece esta herramienta, bondades que podrían ser en algunos casos completamente gratuitos y en otros más eficaces podrían requerir una cierta inversión que sin lugar a dudas se podrían multiplicar de manera vertiginosa, y sin temor a exagerar podríamos incluso asegurar que podrían llegar a acumular verdaderas fortunas.

De lo que acabo de decir vemos un sinfín de historias interesantes, cientos de personas han logrado de manera creativa, otros sin duda con algo de suerte o por circunstancias varias, acumular fortunas maravillosas que en algunos casos hasta les tomó por sorpresa, casos como el de Chris Clark quien hizo una pequeña inversión de 20 dólares americanos por una página web, que años más tarde subastó logrando una venta por encima de los dos millones de dólares.

Un curioso y muy particular caso fue el del millonario Ken Ahroni, quien tuvo una idea extraña que fue vender versiones o réplicas de los huesitos de la buena suerte hechos de plástico, por aquella tradición del huesito solitario que es tomado de ambas parte por dos personas para pedir un deseo, a través de esta peculiar estrategia comercial su página logró posicionarlo rápidamente entre el grupo de personas que habían rebasado el millón de dólares a través de internet.

Las maneras de lograr monetizar a través de internet son muy variadas, y si bien todas y cada una de ellas te ofrece una manera muy particular de lograr tus objetivos comerciales, quiero ahora presentarte una herramienta que durante muchos años ha sido la favorita de millones de personas, me refiero desde luego al blog.

De acuerdo a muchas fuentes, el blog tuvo su nacimiento el año 1994 cuando un joven llamado Justin Hall haría la primera versión de página web con el fin de compartir asuntos de su vida privada, desde entonces al salto que ha dado la historia del blog ha sido verdaderamente impresionante.

Lo cierto es que, es a través del blog que muchas personas han logrado el objetivo de ganar dinero y salir de la dependencia laboral, por ello y dado el gran potencial que posee esta maravillosa herramienta, ha ido progresando fantásticamente y ha crecido de manera exponencial la industria de este nicho.

Son ya cientos de empresas que se han dado la tarea de desarrollar elementos que han convertido esta herramienta en una gran oportunidad por la versatilidad y los grandes beneficios que ofrece.

Convertirte en un blogger es una tarea que distó hace muchos años de ser difícil, y es esta la razón por la cual se hace tan interesante este medio de trabajo, la facilidad de desarrollar tu propio blog y comenzar a monetizar con él, no es un proyecto que requiera de años de estudios y pasantías, solo necesitas un poco de buena información y caminar de la mano de algunos expertos, cuya experiencia por cierto, la han adquirido posiblemente al igual que tú.

Eso traemos a continuación, veamos cuales son los beneficios que te puede ofrecer esta maravillosa y fantástica herramienta y descubre la manera más efectiva de cómo hacer dinero con tu blog.

1

¿POR QUÉ TENER UN BLOG?

*L*a era histórica en la que nos encontramos trae una característica sumamente importante e interesante, y esa de la que hablamos es la necesidad de muchos de los individuos o empresas, de estar presente en una de las herramientas más poderosas de todos los tiempos para alcanzar público con el objetivo que sea.

Sin duda alguna que el internet es el medio más eficaz en la actualidad para lograr llegar a un público objetivo con fines determinados, además de esto, los medios a través de los cuales se puede lograr el objetivo del que estamos hablando, las diferentes maneras de llegar a ellos es otro tema que podría abarcar varios libros llenos de toda suerte de información y recomendaciones, el internet podríamos decir que es lo más parecido a un universo paralelo, que por cierto nos ha abierto las puertas a crear todo tipo de oportunidades por medio de él.

En la búsqueda incesante en la que nos podemos encontrarnos día a día de encontrar métodos alternos a través de los cuales podamos progresar y tener de alguna forma mayor control sobre nuestras vidas, el mundo del internet ha venido a convertirse desde luego en uno de los medios más utilizados para lograr el maravilloso de objetivo de alcanzar la libertad financiera, y traducirlo además en libertad absoluta.

Como ya lo he dicho las formas son totalmente diversas, algunos optan por monetizar haciendo uso de herramientas audiovisuales a través de algunas plataformas, otros haciendo el mejor uso de las redes sociales y un buen etcétera, sin embargo una de las herramientas maravillosas para lograr monetizar y que se encuentra totalmente al alcance de todos es sin duda esta en la que nos hemos enfocado ahora mismo, el blog.

¿Qué es un blog?

La primera tarea será despejar cualquier duda sobre lo que es un blog y todo lo que esté relacionado a ello, en primer término se hace entonces preciso que aclaremos las diferencias que existen entre un blog y una página web tradicional.

Ciertamente hablar de blog, y de hecho por su origen histórico estaríamos hablando de una página web. Sin embargo, el blog cuenta con características especiales que las podría separar de las páginas web tradicionales, pese a que el fin podría estar muy ligado en su origen, la forma y estructura podría crear una enorme brecha entre una y otra básicamente por estilos de estructuras.

Un blog como bien hemos dicho ante, es un sitio web en manos de una persona o una empresa a través de la cual se pueden tratar temas particulares que resulten interesante para un público o nicho en particular, como estructura particularmente posee la característica de estar en constante publicación de contenido, y ese como resultado lleva un estricto orden cronológico inverso, sin embargo es un método muy eficaz y fácil pero altamente profesional para mantener un contenido fresco para el público al cual deseas alcanzar.

Para diferenciar la idea del blog respecto a lo que es la página web es que su enfoque principal radica en mostrar publicaciones periódicas que son conocidos como artículos o post, es decir, podríamos hacernos la idea de que un blog es algo relativamente parecido a un "diario", sin embargo la periodicidad con la que se realizan dichas publicaciones puede perfectamente variar, existen blog que se dedican a actualizar a diario, mientras que otros lo hace quizás semanal, quincenal o mensual o de la manera que mejor desee el administrador de dicho recurso.

Otro de los detalles importantes del blog es que cuenta con la posibilidad de que al final de cada post exista un apartado en el que el lector puede dejar un comentario en el que puede aportar una idea, responder preguntas o incluso puede ser usado a manera de foro para conversar con otros usuarios respecto al tema que refiere dicha publicación.

De manera que esto le brinda otra de las ventajas a diferencia de las páginas web normales, que es la capacidad bidireccional que posee el blog.

De acuerdo a la historia registrada respecto a la aparición de la palabra "blog" se dice que para mediados del año 1997 Jorn Barger acuño por primera vez el término "weblogs" como forma de referir el hecho de anotar o registrar el mundo web, (loggin the web), luego para la fecha de 1999 esta palabra sufrió una separación quedando en we blog, esto trae como resultado que a partir de ese momento lo conozcamos con el nombre de blog.

Dicho esto entonces sabemos que la palabra blog cuyo origen weblogs tenía un sentido fundamental a la idea de ´diario digital´ en el cual se puede ir agregando cronológicamente mucho contenido.

Ahora bien, si estas intentando desarrollar tu propio blog presta atención, se requiere algunas elementos básicos igualmente que serían por decirlo de alguna manera las herramientas necesarias para poder llevar a cabo tu blog, algunas de estas herramientas podrían estar en tus manos y para la otra deberías necesariamente solicitar un prestador de servicios web

- *Contenido*: indudablemente que lo primero que necesitas a la hora de llevar a cabo un proyecto de elaboración de blog es tu contenido, debes tener claro de que es lo que se tratara tu ´sitio web´ y tener desarrollado un plan bien establecido para que este blog se mantenga completamente actualizado de acuerdo a los requerimientos de tu público o clientes potenciales.

Elegir el contenido adecuado será el principio del éxito de tu camino a poder hacer buenos negocios dentro de esta plataforma, ya que es el contenido la vitrina donde se exhibirá el producto que va a consumir tu cliente, en otro apartado estaremos ampliando una serie de consejos para que puedas elegir y desarrollar el mejor contenido para tu blog.

- *Dominio:* el dominio vendría a ser el documento de identidad de tu blog, es el nombre principal que va a llevar tu sitio, dicho de otra forma es la denominación a través del cual tu cliente va a lograr encontrar tu sitio a través de la internet, ejemplo: ejemplo.com

- *Hosting:* el hosting es justamente esa nube en la cual se almacenara los datos de tu blog o sitio web, para tener una idea más practica podríamos decir que el hosting es el súper ordenador donde se alojara tu dominio, y te prestará el servicio para que puedas colocar tu contenido y pueda ser visible a tu público o posible cliente, la manera será colocando en los buscadores la dirección o dominio que elegiste y así tendrá acceso a toda esa información.

Para hacer uso justamente de este servicio existe la posibilidad de acceder a él de manera gratuita, cuyo mayor beneficio podría ser el hecho de ser gratuito, pero que en realidad esta sobre cargado de un sinfín de limitaciones, y por otro lado las empresas que ofrecen este servicio de manera paga con un alto índices de beneficio, ya estaremos ampliando con mayores detalles esta información.

- *Gestor de contenido:* el gestor de contenido es una de las herramientas más determinantes, se trata de una serie de aplicaciones que permite desarrollar los métodos de trabajos necesarios para poder desarrollar todo lo que es el contenido que agregaras a tu sitio web, algunas de las más importante que encontramos en la actualidad podríamos mencionar wordpress.

Teniendo en cuenta todo lo mencionado atrás podríamos decir que no falta absolutamente nada en el aspecto técnico para llevar a cabo tu proyecto de desarrollar satisfactoriamente un blog, en adelante iremos evaluando entonces los medios a través de los cuales este blog se traducirá en ganancias efectivas para ti.

Plataformas para desarrollar tu blog

Como ya hemos mencionado en otra oportunidad, algunas de las herramientas que se requieren para llevar a cabo este interesante proyecto serían elementos como el hosting, el gestor de contenido, y el dominio, estos elementos se encuentran alojados al mundo web y para poder acceder a ellos requieres de la intervención de un tercero que sería en todo caso el prestador de dicho servicio, Por ello existen algunas "plataformas" que serían empresas virtuales que se encarga de gestionar todas estas herramientas y librarte de toda esa gestión de manera que solo quedaría de tu parte desarrollar el contenido para tu blog.

Plataformas gratuitas

Estos se tratan fundamentalmente de algunas plataformas de carácter masivo a las cuales puedes acceder y hacer uso de sus servicios sin ningún costo, son sumamente fáciles de usar y requiere poco esfuerzo para mantenerla, de hecho casi que solo debes preocuparte por añadir el contenido sin embargo, además de su carácter gratuito y a posibilidad de añadir tu contenido sin restricciones existen verdaderamente pocos beneficios en diferentes sentidos, principalmente en el sentido técnico.

Ventajas de las plataformas gratuitas

- *Facilidad:* justamente como ya hemos mencionado, este particular que podría parecer una limitación, llegaría a ser uno de los elemento beneficiosos para algunos, todo siempre dependerá de la necesidad de cada quien, la verdad es que la aplicación y uso de los blog dentro de algunos sistemas educativos se viene implementando, pues en este caso no requieren de mayor cosa por lo tanto esto sería suficiente para ellos.

- *Agilidad:* por lo general estos sitios web que ofrecen este servicio te otorgan todas las herramientas necesarias, no debes preocuparte por otra cosa que no sea añadir el contenido.

- *No necesitas desarrollador:* dadas las características propias de estas plataformas, tendrás la oportunidad también de ahorrarte algo de dinero ya que no necesitaras desarrolladores.

Desventajas de las plataformas gratuitas

- *Poco atractivo:* en primer lugar debemos

mencionar sin duda el problema estético que representan este tipo de sitios, me refiero principalmente al tema del dominio, ya que el protagonismo se lo lleva verdaderamente la plataforma que te está ofreciendo el servicio de blog gratuito, por lo general usaras en realidad un subdominio o mejor dicho un prefijo del dominio principal.

El mayor problema con la estética del dominio que hayas decidido aplicar a tu blog es que lo hará bastante largo y difícil de recordar, ya que como acabo de mencionar realmente será un subdominio que dará el mayor protagonismo a la plataforma como tal, veamos un ejemplo, asumamos que la plataforma que me ofrecerá el servicio de blog gratis se llama "blogsgratis.com" y mi blog que se trata de ejemplos, decido poner como subdominio es de hecho "ejemplo" el resultado sería algo más o menos como www.ejemplo.blogsgratis.com.

Sin duda alguna esto para fines comerciales lo cual es lo que nos atañe en este momento no resulta para nada atractivo, fuera de que resta seriedad a tu propósito comercial en realidad.

- *Baja calidad gráfica:* me refiero

fundamentalmente al tema del diseño, estos suelen ser bastante básicos y restan, al igual que el punto anterior, ese carácter profesional y llamativo que requiere una buena estrategia de marketing para lograr el objetivo de ganar dinero a través de este medio.

- *No hay oportunidades de expansión:* el blog es un paso que sirve para aprovechar el tráfico de personas que requieren de la información, servicio o producto que tú ofreces, de manera que este blog podría realmente ser un puente que te lleve de un punto de partida como el contenido del blog a otro punto, llegar a otro punto se haría difícil con estas modalidades, ya que una de las características de estos modelos de plataformas es que no puedes instalar herramientas extras como plugins u otros, sino que solo tendrías acceso exclusivamente a lo que el diseño del blog gratuito te permita.

- *Estas solo en esto:* sin duda todo en la vida podría acarrear ciertos problemas de elaboración o ejecución de manera que en caso de alguna posible falla, no hay a quien acudir, no tienes un número telefónico, quizás hallarás algún correo electrónico (que esta demás decir casi nunca reciben respuesta) o una redirección a una sección de ayuda que por regla general encuentras que habían millones de problemas que no sospechabasg y ahí están resueltos, pero tu problema particular nadie sospecho que podría pasar jamás.

La lista podría extenderse aún más, sin embargo no nos detendremos en estas cosas, vale más que avancemos ahora a evaluar cuáles son las características de esas plataformas de pago y las ventajas, para así emitir un juicio equilibrado de que es lo que requieres para tí y puedas tomar una decisión prudente y objetiva a la hora de iniciar tu propio blog.

Plataformas de pago

Si estás en ese sueño de poder desarrollar una manera práctica de ganar dinero a través de la publicación de artículos y contenidos interesantes, además incluso ofrecer algún producto o servicio que puede convertirse en tu empresa y la mejor manera de lograr la libertad financiera, no podrías hacerlo a través de una estrategia que no te ofrezca inicialmente esa libertad.

La analogía es casi perfecta, es que la libertad no se obtiene con cadenas a cuestas y querer logar libertad financiera o al menos lograr ganar buen dinero a través de un blog, no sería para nada lógico que lo desarrolles con plataformas que te restan esas libertades.

Por esta razón, una de las mejores decisiones que puedas tomar para llevar a cabo este proyecto sin duda alguna que será aventurarte por este medio que resulta altamente beneficioso, vamos a evaluar cada uno de los beneficios que te ofrecen las plataformas en las cuales requieres hacer una pequeña inversión que sin duda se traducirá solamente en beneficios.

Ventajas de las plataformas de pago

La principal ventaja que podamos mencionar en esta ocasión sin duda que será el control absoluto que podrás ejercer sobre tu blog, tendrás la posibilidad de agregar publicidad que por cierto es otra gran manera de monetizar y muchas ventajas que pasaremos a describir a continuación.

- *Posesión absoluta del seo:* la independencia

que obtienes es totalmente fantástica, y una de las ventajas más extraordinarias es la posesión absoluta del SEO, de manera que todos los motores de búsqueda al direccionar hacia tu contenido será exclusivamente para ti, esto asegura el tráfico de usuarios, que sin duda se traducen en potenciales clientes para ti.

- *Solo inviertes una vez:* plataformas muy reconocidas como wordprees podrían ser una gran oportunidad para seguir expandiéndote sin ningún problema, ya que el resto de herramienta que te ofrecen, muchas son totalmente gratuitas por lo que no tendrás que hacer inversiones extraordinarias, muchas de las mismas ya están y puedes usarlas cuando quieras.

- *Puedes saltar:* lo que planteábamos respecto a la modalidad gratuita referente a los posibles problemas con la plataforma no representan para nada problema en esta modalidad, de ninguna manera estás atado a ninguna plataforma, de manera que el día que alguna no cumple tus expectativas podrías fácilmente dar el salto fuera de ella y hacerte del proveedor de servicios que mejor se adapte a tus exigencias.

- *Alto profesionalismo:* esta es una de mis favoritas, aquellos que están realmente preocupados por la estética de su blog y por la apariencia esta le será realmente una de las mejores razones, podrás tener la libertad de agregar el diseño que desees, podrías usar plantillas impresionantes que podrías encontrar a través de la web o podrías apoyarte en un diseñador web que le aporte las características que desees a tu web.

Es que sin duda el diseño es parte importante para tu sitio ya que como hemos mencionado esta es la vitrina donde se exponen los productos o servicios que ofrecerás a tu potencial cliente, por ello deberá tener la mejor apariencia posible.

Existen muchas otras razones que sin duda serían de gran beneficio para tu propósito y por lo cual se recomienda hacer uso de estas plataformas, además de esto podemos mencionar una infinidad de plataformas que en este momento podría ofrecer un magnifico servicio en este sentido, por su practicidad y además por la consolidación que han tenido dentro del mercado, una de las más importante que podemos mencionar al momento es sin duda wordprees sin embargo hay otras que también serían recomendables.

Entre este resto de beneficio podemos mencionar elementos como el control absoluto de tu página web, incluso la capacidad de recibir un número indefinido de correos electrónicos, solo con una simple ampliación de tu disco duro y otros elementos que lo harán particularmente y en definitiva la mejor opción para invertir a la hora de iniciar tu proyecto de convertirte en un gran blogger.

2

HAGAMOS UN BLOG PARA GANAR DINERO

*H*a quedado claro ya que en definitiva el mejor mecanismo para poder realizar un blog que se traduzca en una nueva forma de generar ingresos, no podría ser un blog como el que ofrecen aquellas plataformas gratuitas, como ya vimos en el capítulo anterior, la única manera de tener el control absoluto para desarrollar un blog tal y como queramos, que represente nuestra imagen si se quiere corporativa, y que hable del nivel de profe-sionalismo que tiene aquel que es responsable del blog seria únicamente accediendo a los servicios de aquellas plataformas que exigen una inversión tal como el caso de wordpress entre otras.

En definitiva ganar dinero no se lograra jugando al blogger, sino que es algo que debe llevarse con todo el profesionalismo que amerita el caso, para ello debemos comenzar entonces a dar los pasos determinantes para llevar a cabo nuestro objetivo y no morir en el intento, vamos a enumerar una serie de consejos que sin duda alguna serán útil para que comiences a dar los primeros pasos en este proyecto, y no solo eso, sino tratar de asegurarnos que llegues a feliz puerto.

Maneja ideas claras

Debes enfocarte en todos los pasos, y no divagar, es decir, incluso debes analizar primero todos los pasos que te estaremos mencionando a continuación, a fin de que puedas tener todos los pasos bien definidos y evites la improvisación, observa con cuidado en sí qué es lo que quieres, cómo lo quieres, cuándo lo quieres, de manera que hagas un ahorro eficaz de tu mayor recurso que es el tiempo, pero también puedas hacer un uso inteligente de tu dinero, que por mucho o poco que pueda significar, estamos es tratando de ganar dinero, perder o mal gastar no es una opción en ninguna manera.

Elige con inteligencia

Escoger el tema de tu blog no es tarea fácil, recuerda que el contenido del mismo es la puerta de entrada a

tu operación financiera, por ello debes estar convencido que el tema que escojas para tu blog sea un tema
con el que verdaderamente te sientas cómodo, esta
justamente es la piedra de tranca para muchas
personas que tienen el deseo de desarrollar un
proyecto como este, elegir una temática que sea
adecuada resulta en algunas oportunidades un poco
cuesta arriba.

Sin embargo existen algunos métodos que te podrán
ayudar a que este punto no se convierta en tu
enemigo, sino que en efecto sea la palanca que te
pueda garantizar el despegue definitivo para que
surjan ideas completamente claras y triunfar a la
hora de crear una temática.

En primer lugar debes tener en cuenta que existen
tres grandes temas principales de interés para toda la
sociedad que navega por estas vías en línea,
podríamos llamarle "los súper temas" estos serian.

- Salud
- Dinero
- Relaciones

No implica esto de ninguna manera que no existan
más nichos en los cuales puedas ahondar, sin

embargo, estos tres son casi que el punto de partida para otra serie de sub temas que podrías encontrar para tu blog, ejemplo, en el área de salud podría desprenderse temas como: la obesidad, temas del corazón, la salud emocional, una sociedad saludable, y pare usted de contar todo aquello que puedas desarrollar en esa área.

Igualmente en el nicho de dinero puedes entonces desarrollar temas interesantes como: métodos de finanzas en el hogar, cómo generar dinero en internet, salud financiera, y sin duda un sinfín de sub temas que pueden servir para agregar tanto contenido como desees, de hecho, tienes tanta tela para cortar que incluso de un sub tema podrías desarrollar otra serie de subtemas, por ejemplo, al hablar de salud financiera en el hogar podrías subdividirlo en: cómo administrar las finanzas del hogar, luego en el mismo orden de ideas agregas otro tema cómo: cómo generar ingresos extras que optimicen la salud financiera dentro del hogar; y así muchas ideas dentro de este nicho podría darte argumentos suficiente para enriquecer tu blog tanto como lo desees.

Sin embargo, además de los tres temas o nichos principales como los que acabo de mencionar existen otros temas por separados que también podrían servirte como herramienta para enriquecer tu blog, eso ya dependerá entonces del público objetivo que pretendas alcanzar a través de tu blog; podrías por ejemplo hablar de temas aeroespaciales, video juegos, deportes, etc.

Ahora, para lograr un mejor enfoque e ir definiendo de una vez por todas el tema que vamos a elegir para nuestro blog, vamos a analizar una pequeña serie de consejos que pueden ayudarnos a tener una mejor claridad y a su vez objetividad para poder llevar a cabo el blog con altas probabilidades de éxito.

- *Haz una amplia consulta:* lo primero que debes realizar es esto, date un paseo por foros, grupos de Facebook o cualquier otro medio o red social en los que puedas ir encontrando esos temas de profundo interés para el contexto en el cual te desarrollas, observa a todos aquellos contactos que posiblemente tengas en tus redes y saca partido de ellos, fíjate de que hablan, a que grupos pertenecen cuáles son sus gustos en común etc.

- *Determina el tema:* logra identificar cual es el tema al cual se va a dedicar tu blog, recuerda que no enfocarse podría ser el peor enemigo, el que anda por cualquier camino no llega a ningún lado, es decir, no sirve de nada lanzar la red en cualquier lugar que veas agua, eso no es garantía que debajo hayan peces.

Para definir de una vez por todas cual será el tema, debes primero pensar en un tema con el que te sientas cómodo, seria verdaderamente engorroso encontrarte hablando de cosas con la cual no estarías familiarizados, no digo que no sea posible, mucho menos que no sea recomendable, sí podrías hacerlo basado en tu objetivo principal que es monetizar, recuerda que esto es un negocio no un hobbie.

Sin embargo a pesar de tener esa situación clara y tomar tu blog con total seriedad lo más factible para que el blog fluya con mayor facilidad, siempre será mejor que se trate de un tema con el que te sientas cómodo.

- **Disfrútalo:** alguien dijo una vez, *"no tengo todo lo que quiero, pero si quiero todo lo que tengo"*, se hace preciso que repita esta idea, y esto es porque en la mayoría de los casos vas a encontrar personas que te recomendarán sin derecho a réplica que para hacer tu blog debes elegir un tema que sea absolutamente de tu pasión, eso no está mal en sí mismo, todo va a depender de tu objetivo específico, y qué tanto se ajuste tu pasión al objetivo particular por el cual piensas desarrollar tu blog.

En el caso que nos compete se trata de que tu propósito de desarrollar este proyecto en cuestión lleva como objetivo principal convertirlo en una manera de generar ingresos y convertir el blog en una fuente de ingresos constantes, pero resulta que tu pasión podría ser descubrir si las hormigas podrían sobrevivir en algún planeta ubicado en la galaxia EGS-zs8-1, y es perfectamente válido que te apasiones ese o el tema que sea, pero ¿qué capacidad de atracción para posibles clientes podría tener tu pasión?

Sin embargo, si tu pasión es el futbol y tienes grandes destrezas en este tema, indudablemente podrías encontrar un buen tráfico para tu página desarrollando temas que sin duda ocupan la mente de muchas personas.

Pera más allá de eso, no importa que el tema en cuestión no sea el de tu preferencia, a donde queremos llegar es que sea un tema que te resulte amistoso y del que incluso eventualmente puedas terminar enamorándote, esto te brindara la mayor capacidad de no convertir esta nueva tarea en un problema sino que incluso se podría convertir en una manera de disfrutar tu día a día.

- ***Identifica a tu cliente:*** para crear un producto indudablemente debes identificar a tu consumidor, imagina que te propones vender tecnología pero vives en una comunidad amish, sería una completa contradicción, debes lograr identificar plenamente a quien es qué quieres vender para así poder tener una absoluta coherencia tema-cliente.
- ***Determina la utilidad:*** uno de los mecanismos que te ayudaran a despejar cualquier duda sobre si lo que piensas escribir podría ser productivo o no es preguntarte ¿cuán útil podría ser esto de lo que estoy escribiendo? El nivel de utilidad que puedas encontrar sobre ese tema, será el mismo nivel de atención que recibirá el tema sobre el cual estas escribiendo.

Ponle un nombre a tu blog

Ya hemos hecho unas pequeñas referencias a este

tema antes, este es un paso determinante ya que es por decirlo de alguna manera, la tarjeta de identificación de tu sitio web, una vez hayas identificado el tema en el cual se vaya a enfocar tu blog debes procurar entonces lograr darle un nombre que defina de la manera más breve pero impactante cual será el nombre con el cual lo identificaras para entonces proceder a convertirlo en una "URL" (Uniform Resource locator) esto quiere decir en español "localizador uniforme de recurso", para definirlo de una manera muy práctica y sencilla es la identificación a través del cual se pueden ubicar todos los recursos alojados en la web, al decir recursos no estamos refiriendo por ejemplo a tu sitio web o blog.

Además del asunto principal que no es otro más que aquel tema en el que se vaya a basar tu sitio web, existe una serie de elementos que debemos tener en cuenta a la hora de elegir un nombre para dicho dominio que nos podrán ayudar a no cometer fallos y apuntar a aprovechar lo más que se pueda la elección de este, veamos algunos consejos.

- *Establece la meta:* estamos totalmente claro cuál es tu objetivo, en definitiva todo se trata de monetizar; en otro apartado estaremos hablando de las diferentes formas de lograrlo a través de un blog, sin embargo por ahora resta decirte que debes fijarte bien en dicha estrategia, para poder establecer la meta, debes tener metas claras, que puedan ser expresadas de manera sencilla con pequeños objetivos que te van a ir ayudando a lograr eso que quieres alcanzar.

- *Delimita tu sitio web:* basado desde luego en la estrategia que vas a utilizar para monetizar debes entonces definir en que se enfocara tu blog, ¿vas a reflejar información de ti o una empresa? O por otro lado puedes hacerlo solo a forma de información de interés que podrían incluir asuntos personales, temas de interés social, arte, deporte o cualquier otro.

- *Debes elegir nombres cortos:* sobre todo que sean recordables, por aspectos como la coherencia, esto es sumamente importante, debes considerar las palabras claves o técnicas que se relacionen con el nicho que vas a tocar, pero asegúrate que no sea tan limitante, recuerda que existen nichos que te pueden permitir abarcar suficiente espacio por la cantidad de sub nichos que pueden surgir de estos, entonces asegúrate que tu nombre tenga la capacidad técnica de abarcar todos aquellos temas que puedan surgir de tu nicho, sin que pierda la coherencia entre el nombre de tu dominio y los posibles temas a tratar.

- *Considera el branding:* lo más seguro es que la productividad de tu blog sea más que suficiente motivo para considerarlo como una empresa, por ello debes estar muy atento a la posibilidad de que en un futuro, este blog termine convirtiéndose en una marca, por ello debes tener en cuenta a la hora de elegir tu nombre de dominio que esto podría ser una limitante a futuro para el desarrollo de tu marca.

Por lo antes dicho es que siempre recomiendo, ten una mentalidad con características de progreso, siempre piensa en grande, recuerdo que en el colegio un profesor siempre mencionaba la siguiente frase, *"quien no aspira ser papa, no llega ni a capellán"* por esta razón debes siempre apuntar a crecer, y desde el principio en los niveles más bajos de tu proyecto, piensa en el futuro.

Sin embargo sería fácil alegar que en el futuro se podría ir viendo y cubriendo las necesidades, sin embargo hacer un cambio de dominio sin duda alguna generará un gasto extra que bien puedes ahorrar si te planificas desde ya.

- *Sobre las palabras claves:* es cierto que esto fue muy determinante durante mucho tiempo para algunos usuarios, usar palabras claves es una manera sin duda de mejorar el SEO y de esta forma posicionarse en google, pero la verdad es que esto ha dejado de ser tan relevante ya que últimamente esto no ha sido un factor tan importante para google a la hora del posicionamiento.

Debes entonces considerar que si usas esta estrategia podrías estar sin una verdadera necesidad objetiva, limitando la posibilidad de crear un dominio que tenga características únicas y originales que podrían ser parte interesante a la hora de desarrollar una buena estrategia de marketing.

Escoge un alojamiento o plataforma

Tenemos aquí un punto verdaderamente importante, la plataforma en la cual vas a alojar tu dominio, es decir tu blog, de manera que sería como el edificio que vas a elegir para montar tu empresa, indudablemente necesitas hacer la mejor elección, lo principal que debes considerar que se trate de empresas sólidas, que tengan alta trayectoria y sobre todo que te ofrezcan los mejores beneficios posibles, evita por razones de seguridad aquellas empresas que se mantienen haciendo ofertas dudosas o cuyos dominios culminen en "info, mobi" o cualquier otro parecido.

Hazte de una vez de dominios .com o quizás .net de igual forma encontramos .org dentro de las mas conocidas en este momento y que ofrecen un excelente servicio sin duda es wordpress, como consejo final procura que tu dominio se trate de palabras continuas en lo posible no uses dos vocales ni le agregues signos o símbolos por ejemplo, no hagas cosas como "mi-ejemplo_perfecto.com" esto es principalmente antiestético y poco recordable tal cual como ya lo mencionamos antes, lo ideal sería algo como: "miejemploperfecto.com" sin embargo, podría suceder que este dominio ya esté ocupado por otro blog o página web de manera que debes seguir estudiando las palabras objetivas que se relacionan con el nicho que ocupa tu blog.

Elabora un diseño coherente

El diseño de tu blog será la caratula de tu disco, es

decir en el debes reflejar de forma sistemática elementos que estén necesariamente relacionado con el tema que manejas y además con el propósito, esto incluye colores y todos los elementos que envuelvan el diseño de tu página.

La suerte que tienes en este momento es que la forma de lograrlo es relativamente sencillo ya que cientos de plataformas te ofrecen la oportunidad de contar con esos elementos necesarios y diseños pre elaborados para ponerle buen rostro a tu sitio.

1. *Presta atención especial a los colores:* ya es completamente normal saber que en el área de los diseños el color es un a materia de estudio profundo, ya que los aspectos de atracción en el tema del marketing y causar un impacto deseado en el usuario y/o consumidor tendrá mucha relación con los colores y las intenciones que se quiere lograr a través de ellos.

2. *No abuses:* esto referente principalmente al tema de los colores, no significa de ninguna manera que mientras más colores vaya a resultar más atractivo, en serio, lo más recomendable será elegir muy bien los colores cuya aplicación y atracción sea la

mejor para el propósito que quieras, pero sobre todo procura que no sean más de tres colores esto considéralo como un punto verdaderamente importante.

3. *Cuidado con la fuente:* suele ser un error en muchas ocasiones querer ser muy atrevidos con el modelo de letras que utilizas, recuerda que aquí el protagonista será siempre el contenido no la letra con que lo haces, de manera que, dependiendo desde luego del carácter de tu blog, procura usar fuentes adecuadas, y por regla general un máximo de tres fuentes, no más de eso.

Además de todo lo dicho anteriormente, debes considerar algunas ideas favorables que sin duda enriquecerán tu página web, algunos de estos son por ejemplo el mantener tu página en orden, lamentablemente en el mundo web, se está reflejando mucho de los problemas que nos afectan como sociedad, ¿has visto el escritorio de una computadora de una persona promedio? Espero no sea tu caso, pero por lo general es un revoltijo de todo: documentos, imágenes, descargas, canciones, recordatorios, aplicaciones, y pare usted de contar la cantidad de cosa que ahí se encuentra.

Pues todo eso suele verse ahora en las páginas web, botones plugins, anuncios, banner, imágenes comentarios, publicidad regado por todas partes con toda suerte de multicolores y un muy largo etcétera, esto indudablemente le resta presencia a tu blog y lo convierte más en una especie de circo virtual para un sitio web que merezca ser medianamente respetable.

Sabemos que el ojo humano al menos de los que nos encontramos en la zona occidental del planeta ha desarrollado ciertos patrones de conducta por motivo de nuestra estructura propia, de manera que en el mundo web siempre vamos a mirar de arriba abajo y como es normal de izquierda a derecha pues es el patrón que usamos para la lectura; bien, basado en esta información has uso de la jerarquía visual, ¿Qué quiere decir esto? Es sencillo, basado en lo que acabo de explicar debes ubicar tu contenido priorizando de acuerdo al patrón de conducta de tus ojos.

Asumamos que en tu blog quieres invitar al usuario o lector a que compre cierto artículo, lo correcto sería que ubiques en el orden adecuado, la información respecto a aquello que quieras vender, y seguidamente en el orden que lógicamente iría la vista al terminar colocarías la ventana comprar.

Si tu blog tiene como objetivo realizar la suscripción a una revista o elementos parecidos ya sabes que en la prioridad de visibilidad debe estar el botón "afiliarse".

Otro elemento del que debes fiarte es que tu blog cuente con una buena edición para la versión móvil, recuerda que la tecnología a simplificado el uso de acceso a la web, y cientos de personas acceden a ella sin necesidad de necesariamente acercarse a la computadora, sino que muchos de los usos on line lo gestionan a través de los equipos móviles, por esta razón debes considerar esta opción como de alta importancia, por suerte muchas plataformas como Wordpress te brindan herramientas excelentes para que esto no represente para nada un problema para ti.

Crea un calendario de contenidos

Lo que dará utilidad a tu blog y lo convertirá en algo productivo será sin duda el tráfico de personas, que resultarían en todo caso el cliente potencial que te ayudara a lograr el objetivo principal, que es en definitiva hacer que tu blog se traduzca en ganancias, por esta razón debes asumir con profunda responsabilidad la tarea de crear contenidos para el mismo.

Jamás deberías usar tu blog a modo de diversión en el cual hablarás de vez en cuando de algún tema que esté en boga y luego olvidarte por un año de aportar información que resulte de interés para tus posibles clientes objetivos, por esta razón se hace de vital importancia que elabores un calendario de contenidos que mantenga a la gente a la expectativa sobre lo que tendrás para ellos de manera periódica.

Además de todo lo dicho, veamos algunas razones objetivas por la cual debes planificar sin demora un plan de acción para los contenidos futuros que ofrecerás.

- *Ahorras tiempo:* no hay mejor manera de optimizar el uso del tiempo que un plan bien elaborado, estar improvisando, haciendo algo cuando se te ocurrió es completamente una metodología desordenada, y el tiempo no perdona todo el tiempo que pierdas trabajando de manera desordenada jamás volverás a recuperarlo.
- *Ética profesional:* definitivamente no es lo mismo "decir algo, y tener algo para decir" estas dos formas de ver las cosas son las que determinarán el carácter profesional de tu blog y eso se visualizara como respeto hacia

tus lectores, contar una cosa es algo que cualquiera podría hacer, tener algo para contar es otra cosa, eso requiere planificación, investigación, seriedad absoluta, eso sin duda marca la diferencia, y solo se logra haciendo un plan eficaz de trabajo para el desarrollo de contenidos.

- *Evitas el incumplimiento:* quizás dentro de tu estructura imaginaria te planteas ciertas metas a alcanzar, sin embargo la falta de un verdadero plan, por escrito, o dicho de alguna forma, "a la antigua" se incurre frecuentemente en el incumplimiento de tus propios propósitos.

En la actualidad la cantidad de blogs y sitios web que se encuentran alojado en las distintas plataformas son millones, sin embargo el crecimiento de uso de esta maravillosa herramienta es incalculable, así que si vas a usar este medio para monetizar debes garantizarte a ti mismo no solo ser bueno, debes ser el mejor.

3

CLAVES IMPORTANTES

*E*xisten algunos elementos que quizás ya le hemos hecho alguna mención, sin embargo se hace preciso que ahondemos con mayor cuidado en cada una de ellas, esto a fin de garantizarnos un trabajo eficaz, lograr tener un sitio web con una herramienta tan poderosa como lo son los blog son de alguna manera garantía de poder lograr un buen objetivo como es monetizar, debes fijar tu atención en ciertos aspectos importantes y tratar por todos los medios que estos aspectos sean completamente alcanzables.

Encontrar tu nicho

Encontrar un nicho es de vital importancia, pero más importante en este momento es poder definir claramente a que nos referimos cuando usamos este término, de acuerdo al lenguaje de la mercadotecnia, cuando hablamos de nicho nos estamos refiriendo específicamente a ese fragmento de un determinado mercado en el que muchas personas guardan un especial interés, y que por ende es en ese que te vas a enfocar para poder desarrollar ese rubro a través del cual podrás llevar a cabo tu objetivo.

Para poder determinar cuál será tu público y por ende tu cliente potencial debes enfocarte claro en cuál es tu nicho, de lo contrario te mantendrás a la deriva y jamás lograras concretar un negocio que sea medianamente rentable, a menos que tengas estos elementos completamente claros en tu proyecto, para poder identificar de manera correcta qué es un nicho veamos las siguientes características que lo definen correctamente.

- Cuando Hablamos de nicho nos estamos refiriendo a un grupo en específico, es decir a ese sector particular, bien sea personas, empresas, grupos deportivos religiosos, o cualquiera por el estilo al cual podré lanzar mi red con un alto margen de efectividad.
- Estos poseen necesidades compartidas o muy parecidas lo que permite que puedas

hacer un alcance más efectivo con una estrategia.

- Estos desde luego poseen la capacidad de costear los pagos del servicio o producto que tú le ofrecerás.

- Pudiera ser incluso un grupo que ya esté recibiendo ayuda en el área que tú puedes ocupar, pero puedan estar experimentando alguna especie de insatisfacción con ese proveedor.

- Es lo suficientemente amplio como para considerar dedicar tu esfuerzo y considerar la posibilidad de desarrollar un negocio que resulte verdaderamente rentable para ti.

De esto último debes tener un especial cuidado, a la hora de elegir tu nicho no servirá de nada querer tomar decisiones basados en un juicio poco real de las posibilidades comerciales para lograr tus objetivos, de nada sirve entonces que aplique algún tipo de sentimentalismo poco objetivo en tu negocio, solo debes estar perfectamente enfocado en cuáles son las necesidades que tienen aquellos de tu nicho cuales son las capacidades objetivas que puedes tener tú en suplir dichas necesidades.

Es que es justo ahí donde están alojadas las ganancias de tu negocio, por ello tras determinar con exactitud cuál es tu nicho de mercado debes cada vez tratar de especializarte en este rubro y hacer todo lo que sea necesario para cada día ser el mejor en ello, veamos una serie de ejemplos prácticos en este sentido.

- *Revisa tus capacidades:* has una evaluación justa de cuáles son tus capacidades, cuáles son las herramientas con las que cuentas, solo a través de esto podrás ver cuáles son las verdaderas oportunidades objetivas de encontrar un negocio que resulte verdaderamente confiable.

Debes sin duda alguna hacer una justa evaluación de cuáles son los recursos con los que cuentas para llevar a cabo tu empresa, nadie que va a empezar un edificio no se sienta primero a evaluar si posee el capital para llevar a cabo su proyecto, no sea que llegue apenas a mitad de camino y se encuentre sin recursos y sin su meta cumplida, es decir en la banca rota.

- *Decide tu especialidad:* querer abarcar todo es un error, por ello entonces debes empezar por decidir cuál será tu especialidad en relación al mercado objetivo al cual quieras alcanzar, por ejemplo, si vas a llegar a una ciudad en particular, o regiones con determinadas características, quizás se trate de empresas que requieran de tus servicios, tipos de empresas, o igualmente si se trata mujeres, niños, hombres, es decir enfócate en un grupo con determinadas características especiales.

Puede ser un enfoque en lo que vas a ofrecer, por ejemplo, diseño de ropas, evalúa que tipo de ropas, para quien, etc.

- *Evalúa el potencial de esa zona:* una vez alcanzado de forma clara el paso anterior entonces evalúa cual es el potencial que representa el nicho que elegiste, debes observar con especial atención que tan alta es la demanda de tu producto o servicio, que alternativas hay, cuales son las maneras o mecanismos más prácticos de resolver la carencia o necesidad que puedan tener los posibles clientes potenciales representados en el nicho que has elegido, y para iniciar debes tratar de reducir tu alcance a la menor expresión rentable posible para que comiences con pasos cortos pero seguros y así de manera progresiva ir avanzando cada vez más.

- *Ve un paso adelante:* elegir el nicho no lo es todo, ahora debes estar con una mirada puesta en el futuro, desde luego que eso no se convierta en una razón para detener tu presente, si en tu análisis respecto a la sustentabilidad de tu negocio a futuro te lleva a detenerte y no replantearte, concluimos entonces que solo fue una excusa.

Ir mirando siempre hacia adelante es solo para evaluar que tan bueno seguirá siendo este nicho en el futuro, de manera que no te quedes luego a mitad de camino, evalúa los factores como capacidad económica del mercado, comportamiento de los elementos externos como inflación y otros.

Sobre todo lo antes dicho debes procurar que este paso que vas a dar es trascendente en la vida, siempre existirá sin duda cierto margen de error y quizás la necesidad en algunos casos de hacer un borrón y cuenta nueva, pero la experiencia que puedas adquirir en este sentido es verdaderamente importante pues podría ser la oportunidad de una mejor proyección futura.

Genera contenido de valor

El contenido de tu blog será el alimento de tu nicho, por esta razón no podrías darte el lujo de compartir cualquier cosa sin el mínimo juicio de valor por aquello que estás haciendo, estamos frente a una de las generaciones con mayor acceso a la información, lo que se traduce en altos índices de nivel cultural, por lo tanto ofrecer mal contenido sería equivalente a un pastor dar hierba seca a sus ovejas.

Para poder ofrecer un contenido que sea verdaderamente apreciable por tu público debes considerar algunas ideas importantes.

- En primer lugar debes observar con cuidado y detalle qué tipo de contenido requiere aquellos que sean tu cliente objetivo, recuerda que no se trata necesariamente de un blog de entretenimiento, aunque mucho del contenido podría parecer de entretenimiento, debes lograr un enlace perfecto entre como captar la atención de tu cliente de manera interesante entre el contenido que le regalas y el servicio o producto que le ofreces.

- Para lograr lo anterior debes sin duda alguna conocer a tu audiencia, para poder estar completamente seguro de cumplir sus expectativas debes entonces conocer cuáles son sus expectativas, revisa en otros lugares como páginas, redes sociales, grupos o foros donde hablen del tema y expongan abiertamente cuáles son sus deseos.

- Una vez que ya tengas realizado todo lo anterior ponte en labores de poder determinar cuáles son las palabras claves que debes utilizar para que el alcance de tu contenido sea atractivo, es decir, si tu nicho está enfocado en cierto rubro en especial, hazte de las palabras claves que podrían identificar la búsqueda general de tu público objetivo, así podrás garantizarte de la manera más práctica que el público que deseas llegue a ti.

Por ultimo entonces llénate de todo el argumento investigativo para que tu redacción resulte deliciosa, esta deberá ser en función del nicho, es decir, el tono con el cual te conectaras con tu publico dependerá desde luego del público en cuestión, las necesidades y las principios y valores que rodean a dicho público, esto ya lo deberías haber investigado de acuerdo a los primeros puntos expuestos.

Construye tu audiencia

Ahora sí, ya tienes todo lo anterior claramente identificado, elabora los métodos a través de los cuales les invitaras a ser parte de la información que tienes para compartirle, haciéndote hábitos tú podrás crearles hábitos a ellos.

De manera que debes cumplir con los compromisos con ellos, postear tus contenidos sin falta, realizar campañas que inviten a la acción a través de distintos mecanismos como las redes sociales, campañas publicitarias, correos electrónicos y otros, una alternativa muy práctica que está en buen funcionamiento en este momento son los podcast sin embargo puedes elegir la herramienta que deseas.

4

POSICIONAMIENTO DE TU BLOG

*L*legamos a un punto crucial en que trataré de hacerme entender con una interrogante ¿deseas un blog o un fantasma? La respuesta es clara, deseas un blog, sin embargo sin considerar el tema del posicionamiento tu blog podría perfilarse perfectamente en un fantasma, por ello debes ahora preocuparte por desarrollar las estrategias necesarias y pertinentes para que tu blog comience a sonar, que todos se enteren que existe y más aún que vayan a visitarlo hasta el punto de crear aquella comunidad de la que hablamos el capítulo anterior.

Las palabras claves

Debes estrechar una buena relación con elementos como google AdWords, y debes concentrarte en encontrar las palabras claves para tu blog, debes considerar la posibilidad de que no sean palabras tan solicitadas, ya que aunque puedan parecer altamente atractivas resultara un poco más difícil que logres estar en el primer lugar de los motores de búsquedas más importantes.

Ten cuidado con los Url procura que resulten cortas y fácil de recordar, y con estas mismas palabras claves procura formar tu keyword, no te dejes atrapar por las recomendaciones que te aparezcan por defectos ya que podrían estar llenas de símbolos o números sin sentidos, y para los motores de búsqueda podrían resultar ser más complicado de encontrar.

Presenta de manera creativa tus publicaciones

Además de tu url ahora enfócate con mucha atención en las publicaciones de tus contenidos, debes procurar por regla general utilizar nombre que sean descriptivos, por ejemplo "cómo hacer un buen pastel de chocolate", aunque es una regla general siempre existirá una excepción a la regla pero eso deberás consultarlo generalmente con algún experto dada ciertas circunstancias específicas, de resto considera lo que te estoy mencionando.

Realiza interlink

Un método efectivo para crear buen tráfico entre tus publicaciones, redes y otros elementos que se relacionen con tu nicho y que pueda generar un mejor posicionamiento web, es efectivamente compartir links dentro de tu blog, en cada publicación, en el diseño general y en el lugar que prefieras sin desde luego poner en riesgo la estética de tu diseño, pero crea un flujo interesante de usuarios por cada sitio que se relacione a tu información, así enriquecerás sin duda alguna la experiencia de navegación del usuario.

MANERAS DE MONETIZAR CON TU BLOG

*L*as formas en que puedes lograr hacer dinero con tu blog tal y como ya lo hemos mencionado en varias oportunidades son múltiples, vamos a mencionar varias de estas formas que resultarían ser las más prácticas y de alguna manera sencillas de llevar a cabo.

Publicidad CPC

Es una de las formas más prácticas de monetizar a través de tu blog, se trata de anunciantes que te pagaran cierta cantidad de dinero (esto puede variar) por la cantidad de clic que reciban de su anuncio publicado en tu sitio web.

Esta forma resulta muy interesante y por ende muy utilizada por los anunciantes, ya que no debe pagar costes por colocar publicidad sino que solamente cancelara publicidad relativamente efectiva pues darán clic aquellos que en realidad estén interesado en el anuncio en cuestión.

Publicidad CPA

Las siglas se refieren a "coste por adquisición" es otro método muy útil para hacer algo de dinero a través de tu blog, se trata de anuncios dentro de tu blog que efectivamente giraran pagos a tu cuenta solo cuando la publicidad trascienda a una venta efectiva del producto que estas anunciando,

Sin embargo, los pagos de la modalidad "CPA" se llevaran a cabo solo ante planes de publicidad que tengan objetivos a muy corto plazo, por lo general las campañas publicitarias que harán uso de esta modalidad serán aquellas que requieren anuncios con fechas delimitadas, como por ejemplos "black fridays" eventos sociales, campañas de marketing de afiliación entre otros.

Pago por mil impresiones

Este es un método que resulta muy interesante ya que ofrece prácticamente un ingreso fijo, ya que el acuerdo sería que el anunciante ofrece una cuota fija por la publicidad una vez haya alcanzado las mil visualizaciones, estas serán medidas por los clic que reciba el banner publicitario que hayas colocado en tu blog.

Promoción de tu empresa

Sin duda que si tu llegada a este mundo fue con la intención de promocionar tu empresa, o si esta aún no existe podremos hablar de tus servicios o productos, en definitiva esta es una de las maneras más efectivas o al menos en la que debes enfocar todo tu empeño.

El blog o sitio web desde que se formó como una idea en tu cabeza debe estar pensada cada paso, cada detalle, cada esfuerzo entregado en ella, en lograr que sea tu propuesta comercial la que logre el éxito a través de tu blog, cada post que desarrolles como parte de tu contenido debe llevar una referencia que de forma sutil vaya invitando a la acción del posible cliente y finalmente acorralarlo al crear la necesidad de hacer uso de aquello que estas proponiendo.

Asumamos el caso hipotético de que te has dedicado a vender productos naturistas que ayuden a mantener un cuerpo saludable, podrías crear buenos contenidos de los cuales podrías abarcar temas como los "problemas de la obesidad, o la necesidad de mejorar tu alimentación" de manera que a través de dicho contenido puedas ir llevando a las personas a la necesidad de acceder a la solución que posteriormente podrías ofrecer y así logras el objetivo que te has trazado que finalmente es vender tu producto naturista.

De esta manera quedara solo de parte de tu creatividad o incluso de empresas especialistas en marketing que podrás diversificar las maneras de llevar a cabo tu propósito de monetizar, de hecho las posibilidades son tan amplias que podrías perfectamente hacer uso múltiple de tu blog.

Es decir podrías encaminarte por ofrecer tus servicios o productos, o anunciar tu empresa para lograr optimizar las ingresos de la misma, mientras que a su vez podrías crear campañas publicitarias CPA o CPC, y cualquier otro método de monetizar con ella, lo preferible desde luego será enfocarte y dedicar tu esfuerzo en una modalidad, pero sin perder de vista el resto, siempre y cuando como ya hemos aconsejado, no pierdas de vista la estética y el propósito de ti sitio web.

CONCLUSIÓN

Sin importar cuál sea la estrategia, lo importante realmente podría resultar que prestes especial cuidado y decidas poner todo tu empeño en lograr que aquel mecanismo que decidiste utilizar rinda los frutos necesarios, definitivamente todo requiere dedicación para que dé frutos, al igual que en cualquier área que decidas emprender, será tu entrega a esto lo que determinara que se convierta en algo realmente productivo.

Lograr monetizar a través de un blog no es un medio que puedas alcanzar de manera mágica, es decir no se trata de hacer un blog y con eso ya estás listo para empezar a ganar dinero, se trata de dar valor a cada cosa y a cada paso que debes dar para llevar tu blog al punto que deseas llegar.

Considera dar valor a lo que realmente valor merece, sabemos que no estas intentando hacer un blog con el que puedas entretenerte, sino que estas creando de alguna manera tu posible camino a la libertad financiera, por ello debes evaluar las diferentes plataformas y con gran inteligencia elegir cual es la que se ajusta más al propósito de lo que en realidad quieren alcanzar.

Todo lo bueno tiene un valor, y sin duda debes entregar algo de ti para que puedas encontrar lo que realmente requieres, para poder obtener la calidad que necesitas y así obtener los recursos necesarios para alcanzar tu éxito.

Sin embargo la verdad es que el desarrollo de un sitio web como un blog pudiera servir para muchos fines, podríamos hablar de fines de entretenimiento, informativos, o con fines comerciales, por ello lograr desarrollar un blog de calidad en la dirección que deseas llevar tu blog no será un trabajo fruto del empirismo, cada nicho podría tener su método y estrategia, por ello debes considerar llevar paso a paso todos y cada uno de los concejos que te hemos compartido en este volumen ya que tu enfoque está claramente definido.

Haciendo todo lo dicho anteriormente y además

considerar con mucha atención cuáles son las claves principales para llevar a cabo tu proyecto, será el camino correcto seguramente para lograr uno de los primeros propósitos que buscas al desarrollar tu proyecto web a través del blog en cuestión.

Un consejo que debes ir desarrollando y llevando a cabo desde ya es considerar establecer conexión con aquellos que ya han andado este camino antes que tú, recuerda que todo en la vida se trata de ensayo y error, y no existe la garantía que todo será un rotundo éxito desde el principio.

Sin embargo visto de la manera más objetiva posible podemos agregar que pate de ese éxito será sin duda el poder considerar como parte de tu aprendizaje aquellos errores, ya que sin duda estos serán los peldaños necesarios para ir llevando a buen puerto tu proyecto.

El hacer dinero a través de la publicidad por otro lado ha sido un método altamente utilizado durante muchos año en las diferentes plataformas comunicacionales, recuerda quizás utilizar este método como forma inicial para comenzar a recuperar de manera rápida, práctica y efectiva la inversión que ha requerido el desarrollo de tu sitio web.

Sin embargo no existe un mejor consejo que el del enfoque, no pierdas de vista por nada en el mundo lo que te has propuesto lograr, sin duda alguna que existen un sinfín de métodos de negocios que bien pueden incluir o no el uso de internet, sin embargo el que logres buenos o malos resultados dependerá fundamentalmente no de la plataforma que elijas, sino que esto ira más ligado al empeño y el esfuerzo que decidas poner en esto que has decidido utilizar, el éxito que otro haya alcanzado con otra herramienta o plataforma de trabajo, bien sea a través de la web o no, estoy completamente que depende única y exclusivamente al individuo y no de la plataforma, de manera que considera dar el uso correspondiente de esta guía y de toda tu fuerza de voluntad y comienza a ganar dinero a través de la web desde ya.